新時代の保育双書

子どもの理解と保育・教育相談

第2版

みらい

執筆者一覧（五十音順）　○＝編者

○秋田喜代美	あきた きよみ	（学習院大学）	第8章
安家　周一	あけ しゅういち	（梅花女子大学）	保育・教育相談Q＆A
天野美和子	あまの みわこ	（東海大学）	第2章
江玉　睦美	えだま むつみ	（東九州短期大学）	第3章
岡上　直子	おかのうえ なおこ	（元 十文字学園女子大学）	事例10－5.6
○小田　豊	おだ ゆたか	（元 聖徳大学大学院）	第1章
海津亜希子	かいづ あきこ	（国立特別支援教育総合研究所）	第4章第1節・コラム
菅野　信夫	かんの しのぶ	（京都橘大学）	第5章
齊藤美代子	さいとう みよこ	（元 帝京平成大学）	事例10－3.4
高城絵里子	たかき えりこ	（ルーテル学院大学）	事例2・事例3
土屋明日香	つちや あすか	（元 サウサンプトン大学）	事例4
土肥　茂幸	どひ しげゆき	（大阪人間科学大学）	第7章
長野　郁也	ながの いくや	（公認心理師・臨床心理士［現在は引退］）	第9章
長櫓　涼子	ながろ りょうこ	（倉敷市立短期大学）	第6章
濱名　浩	はまな ひろし	（関西国際大学／立花・武庫愛の園幼稚園）	事例10－1.2
福井　逸子	ふくい いつこ	（神戸親和大学）	事例1・事例9
藤田　哲也	ふじた てつや	（岐阜聖徳学園大学短期大学部）	事例5・事例6
三島　美砂	みしま みさ	（NPO法人りすん）	事例7・事例8
柳澤亜希子	やなぎさわ あきこ	（国立特別支援教育総合研究所）	第4章第2節
渡邊　英則	わたなべ ひでのり	（港北幼稚園・ゆうゆうのもり幼保園）	事例10－7.8

写真提供　あけぼの幼稚園

イラスト　ミゾグチギコウ

はじめに

いつの時代にも、どのような社会においても、子どもが健やかにもてる力を伸ばし未来の社会を担う人へと成長していくこと、園や家庭、地域において、子どもが他者や事物、出来事に出会い、ともに遊び、学び、その子らしく豊かに幸せな子ども時代を過ごすことを、保護者も保育者も願っています。しかし、子どもに対する保護者や保育者の発達や行動への期待と子どもの実態にずれが生じたとき、あるいは子ども同士の関係、保護者と保育者、保育者と子どもの関係において順調にいかない状況が生まれたとき、どのようにかかわったらよいのかという課題が生まれます。この危機こそ子どもや大人の発達の転機といえます。そして、子どもも大人もよりよい関係と育ちを求めて、同僚、地域の専門家の人々と考え語らうことが生まれます。それが保育・教育相談であるといえます。

少子化とともに、子どもへの指導・支援だけではなく、保護者への支援、地域の子育て家庭への支援が保育所や幼稚園の役割として求められるようになってきました。また特別支援教育の推進により、さまざまなニーズをもった子どもに関する相談を、保育者が同僚や専門家と連携し担うことも求められてきています。

本書は、日々の保育のなかに、またその線上に保育・教育相談を位置づけ、①さまざまな子どもの特長やニーズと発達を知ること、②相談やコンサルテーションを行うための具体的な方法を習得すること、③実際に保育の場でよくある相談内容を知り考えることで、保育・教育相談の基礎知識を身につけていただくことをねらいに編集しました。

本書は2008（平成20）年に初版を刊行して以来、ありがたいことにこの12年間に15刷まで版を重ねることができました。2017（平成29）年の幼稚園教育要領や保育所保育指針、幼保連携型認定こども園教育・保育要領の改定（訂）や急激に変化する社会の状況をふまえ、このたび新たに改訂第２版を刊行することになりました。編集の骨子と骨組みは変わっておりませんが、内容を新たに見直し、一部執筆者も変わり、令和の時代の保育教育相談に最もふさわしい内容へと改訂しています。

これからも本書が末永く、多くのみなさんに活用していただけることを願っております。

2020年12月

編者　小田　豊
秋田喜代美

目　次

第1部　基礎編

第6章　保育場面でのカウンセリング技法の活用

第7章　園・地域における専門家との連携による相談・支援

第８章　保育者の専門性と相談活動

第９章　基礎的対人関係のトレーニング

第２部　事例編

第1部

基 礎 編

第1章　保育の場における相談ニーズとカウンセリング・マインド

◆キーポイント◆

近年の少子化や男女共同参画社会の時代にあって、保育所や幼稚園、認定こども園に求められるものが変化してきている。保育所や幼稚園、認定こども園のありさまはもちろん、保育者の役割もそうした変化に対応した新たな課題が生まれてきている。特に、最近では、子どもたちの保育への対応だけでなく、保護者の子育てにかかわることや家族関係の悩みなどの相談も多くなってきている。

ここでは、子どもたちの育つことへのかかわりだけでなく、こうした保護者からの相談に応じざるを得ない状況のなかで、保育・教育相談に応じる姿勢や考え方について考えてみたい。

第1節 ● 保育・教育相談のあり方と今日的課題

ある幼稚園を訪れたとき、無心に絵を描いている女の子に気づき、近づいて見ると、その子の絵には、お日さまが3つ描かれていた。そこに、先生が来られ、その絵を見て、「どこにお日さまが3つもあるの？　うそを描いたらダメでしょう」とやさしくたしなめられたのである。おそらく、先生は、その子がふざけて描いていると思われたのであろう。少し困った様子の女の子に、筆者は「たくさん、お日さま描けたね」と話しかけてみた。すると、その子は「お部屋が寒いの……」と答えたのである。

その日は、とても肌寒く、部屋のなかにいても寒さが伝わってくるほどであった。その女の子は、部屋がとても寒く感じたので、お日さまが3つくらいあったら、もっとポカポカ暖かくなるだろうと考え、描いたのである。その証に「暖かそうだね」と言うと、「ニコ～ッ」と笑ってくれた。

この事例は、子どもたちが育つことに対して、何をしたら、どう働きかけたらよいかなどを考えさせられる出来事ではないであろうか。今一度、事例の流れを考えてみたい。

まず、1つ目に、「聴く」ということがある。「きく」には、他に「聞く」「訊(き)く」があるが、「聞く」は聞こえてくるという受動的な意味が強く、「訊く」は訊ねる・訊問するという意味になると考えられる。「お部屋が寒いの」というツブヤキをとらえるには、まず積極的に子どもに向かって心を傾けて「聴く」という、子どもの心に残る聴き方が必要であろう。

２つ目に、子どものあるがままを「受け入れる」ことがあげられる。お日さまといえば、必ず１つと考えてしまいがちである。正しいことを伝えることの大切さは、子どもたちと接していると常に直面する問題である。しかし、異なった価値を「受け入れる」ことも指導上の大切な中身ではないであろうか。うそを教えよ、と言っているのではけっしてない。いずれ大きくなっていくことによって自然に理解できることにまでも、発達の幼い時期に正しさだけを強要しても意味がない。さまざまなものの考え方があることを知ることも大切であろう。

３つ目として、子どもとの「つながりをつくる」ことの大切さが考えられる。保育者は、やさしく「お日さまは３つかな？」と訊ねているが、このことばは、無意識に子どもとの関係を切っている。正しさだけが絶対という狭い心の表れと考えてもよいであろう。

最後に、子どもの「心の流れに沿う」ことである。子どもたちは、思いもよらないことを発想したり、発言したりする。「お日さまはいくつあるの？」と訊ねることと「お日さま、たくさん描けたね」との間には、大きな距離があることに気づきたいものである。子どもの「心の流れに沿う」とは、子どもの心に「共感」し、子どもの言動を肯定的に受け止めてみようとする姿勢といえる。

保育者は乳幼児と生活するなかで、一人ひとりの子どもたちの発達の特性や行動の仕方・考え方などを理解して、それぞれの特性に応じ発達の課題に即した指導を行っている。そのために、その基本的な考え方や方法などを苦労しながら見いだし、日々の保育に励んでいる。保育の流れのなかで大切なことは、保育者と一人ひとりの子どもたちとの間に信頼関係をつくりだすことである。そのためには、子どもたちの言動や表情から、一人ひとりの子ど

★子どもの思いを受け止め、心の流れに沿うことが大切である。

※写真と本文は関係ありません。

もが、今、何を感じているのか、何を実現したいと思っているのかを受け止め、自分で課題を乗り越えていくための適切な援助をすることである。具体的には、次のようなことが考えられる。

・ 心のつながりを大切にする。
・ 相手の立場に立ってともに考える。
・ ありのままの姿を温かく受け止める。
・ 心の動きに応答する。

こうした援助の方法は、園における相談活動や専門家による実際のカウンセリング活動にとっても欠かせない考え方ではあるが、保育の営みで考えられているカウンセリング・マインド※1をもった援助の方法と、園内の相談活動や専門家による実際のカウセリングにおける援助と同様なものと考えてよいのであろうか。なぜなら、今、保育者の専門性としてもつことが望ましいとされているカウンセリング・マインドとは、日々の保育を豊かにするために、子ども一人ひとりの心の世界に近づこうと努力し、子どもたちのどんな姿に出会ってもそこから目をそらさず、一人ひとりの今ある姿を基点にして、教育的な意図のなかで発達を促す援助を考える保育者の姿勢を意味しているからである。

※1 カウンセリング・マインド
カウンセラーがカウンセリングを行う際の心情・態度として、共感や受容等をさす語である。一般の人でも、職場や教育、育児等においてもつべき精神としてあげられている。なお、これは学術用語ではなく、和製英語である。

第2節 ● 保育に求められるカウンセリング・マインドと保護者・子どもに対する援助の姿勢

では、実際のカウンセリングにおける相談活動と保育におけるカウンセリング・マインドとの関係は、どのように考えていけばよいのであろうか。筆者が大学に勤務していた頃から子どもたちの心の悩み相談に携わってきた経験を通して考えてみたい。

ある日突然、心の相談室に、お手伝いをしたいという方が来られたときの話である。その方は、長い間教師をなさり、校長を最後に定年され、そこで、今までの教師経験を生かして子どもたちの心の相談活動をしたいということであった。しかも、教師時代から子どもたちの相談にもかかわり、多くの子どもたちを非行から救いだしてきた、とのことである。ただし、相談活動というか、いわゆるカウンセリングの基礎・基本にかかわる専門的知識を学んだことはないとのことである。教師や保育者を経験してきた方々は、確かに先の事例でもわかるように、実際のカウンセリング活動の基盤はできているように感じることは多い。しかし、カウンセリング活動のための基盤とカウンセリングの基礎・基本との間には大きな差があることも事実である。それは、幼児教育における学習の基盤と小学校以降の学習の基礎・基本との相違にも似ている。いずれにしても、相談活動を手伝いたい、できれば自宅でも相談活動をしてみたいとのその方の熱心な思いなどに引きずられ、その日、一人の学生が相談に来る予定だったので、うっかり、相談活動を実際に試みますか、と尋ねたところ、ぜひ、やらせてほしいということで、相談室に入っていただくことになった。

相談がはじまる前、相談者の学生は万引きと過食を繰り返し、自分でも悪いこと、拙(つたな)いこと、早く止めたほうがいいということを知りながら半年近く相談に来ているので「けっして、こちらから、その行為は悪いこと、止めるようにと教育的な説教はしないでください。自分の心の内が葛藤で闘い続けているのでしょうから、相談者の話すことを受け入れ、相談者がどのようにしたいのかをしっかり聴いてあげてください」とお願いと約束をした。ところが、「わかりました、承知しました」と言って相談室に入るなり、自分が長い間教師であったこと、その経験のなかで多くの万引きした子どもたちを立ち直らせてきたことをとうとうと話され、相談者に過食や万引きが悪いことであり、両親も悲しんでいるなどという訓話というか教育的な話を聞かせ、「もう、これでわかったでしょう、約束しましょう！　私に会ったことを契機として、もう二度と万引きや過食はしないと約束の印に指切りしましょう!!」と迫り、相談者の学生は、意外にも素直に「わかりました、約束します」と指切りをして急いで相談室を出て行ったのである。相談後、「あの子は、もう大丈夫！」と元校長先生は満足して帰られたのである。

ところが、その日、相談者の学生は、いつもの倍近い過食と万引きをしてしまい、その後、１年近く、その繰り返しのなかで、毎週、相談にやってきた。そして、１年が過ぎる頃のある日、突然、「もう、過食も万引きも止める！」と自分から宣言し、本当に過食も万引きも止めてしまったのである。現在、彼は、元気に仕事もがんばり、家族や友達とも楽しく過ごしているとのことである。けっして、こちらが止めるように指示したり、命令したりはしていない。相談活動としては、さまざまな角度から話を聴いたり、話し合ったりはしたが、何か特別なことをした覚えはまったくない。

ただし、毎回、相談が終わったときの帰り際に、相談者が問いかけてきたことがある。それには必ず応えた。それは、「先生！　万引きや過食は、悪いことですよね！」という問いかけであった。それに対して、こちらが応じることができたのは、「つらいなあ、悲しい話だね！」という繰り返しだった。

つまり、この事例で学びたいことは、相談活動の実際とは、相談者の悩みを解消したり、解決することなのではあるが、カウンセラーが解決するのではなく、解決するのは相談者自身でしかないということである。相談活動とは、その解決に至る過程のなかで解決するための道筋やそこにたどる方法の整理がしやすくなるように援助することなのである。そこでは、カウンセリング・マインドを最大に生かすことにはなるが、相談者との関係が保育における関係性と違って、その主体が全面的に相談者の側にあるということである。

したがって、教育的な援助や指導の世界と違って、ときに非教育的な結果もあり得る可能性があることも知っておかねばならない。また、相談内容も多くは相談者自身の生き方にかかわっているため、その関係性を続けるか否かの決定権も相談者の側にある。そのため、ときに長く（たとえば10年以上のつき合いもめずらしくはない）、ときに短く（一瞬で終わる場合もある）、場合によっては、予測のつかない世界との出会いや異なる価値との出会いに動揺しないためのさまざまな角度からの専門性と訓練が必要となるのである。

つまり、生き方を変えることができるのは、相談者自身でしかないのである。その意味では、保育における援助と相談活動における援助は、まったく似て非なるものと考えておかなければならないのではないであろうか。

第3節 ● 保育所・幼稚園等における実際の保育・教育相談とは

では、保育者は、今、求められている保護者等からの相談には応じられないのではないか、と考えたくなるであろう。しかし、そのような結論を導くために、先の事例を示したわけではない。今、保護者は、子育てを含め多くのことに悩んでいることは事実であろう。したがって、むしろ保育所や幼稚園、認定こども園において、おおいに相談活動を進めていただきたいと思っているのである。先の事例は、保育者・教師はカウンセリングの基本的な感性や要素というか姿勢はもっていたとしても、真のカウンセリングの専門家ではない、という自覚のもとに相談活動をしなければならないことを示している。臨床的な相談活動の専門家ではないということは、相談活動に対して自分の限界を知っておかなければならないということである。

つまり、保育者・教師は、保育のなかの子どもたちの発達や指導に伴う活動にかかわる専門家ではあっても、子どもの心理的・病理的な事態にかかわる相談や保護者との悩みなどの対応においては、非専門家であることを自覚したうえで相談活動を進めることが大切である。したがって、保育所や幼稚園、認定こども園における相談活動として大切なことは、逆説的ではあるが、対応の心構えとして特別なことを考えたり、準備することではなく、日頃の保育者・教師そのままの姿勢で臨むことが求められている。特に、話し方や服装などが日頃の姿とは違った形で臨むことは避けなければならないであろう。

なぜなら、相談者の側は、おそらくカウンセリングの専門家を保育者・教師に期待して相談に来ているわけではなく、日頃の子どもたちの姿を見て、心を許せる人、話してみたい、相談してみたいと気楽に訪れてくる保護者が大半かもしれないと考えておくことが大切なのである。というより、むしろ、そのように受け止められることのほうが重要なのではないであろうか。保育所や幼稚園、認定こども園における相談活動の存在意義や価値が、そこにあると考えられるからである。

多くの保護者は、確かに子育てなどに悩んでいる。しかし、その悩みを誰に相談したらよいのか、その悩みは相談に値するものなのか、行き場のない悩みで悩んでいる。つまり、「悩んでいる」そのこと自体をどのようにしたらよいのかを悩んでいるのであろう。

あるとき、相談室に、自分の赤ちゃんのおしっこが青くならないと悩んで来られた方がいる。誰にも相談できなくて、どこに行けばよいかもわからず悩んでいたら、たまたま、新聞で大学に悩み相談室があることを知り、親族にその大学に通う子がいたので思い切って来たということがあった。

よくよく聴いてみると、近所に親しくおつき合いする人もいなくて、ご両親や兄妹も遠い地におられ、ご主人は夜遅く帰ってこられるので、ゆっくり話す時間もなく、テレビが友達のような生活だと言われるのである。実は、赤ちゃんのおしっこの悩みを聴いてみると、笑い話になるのであるが、テレビでおむつの宣伝をしているのを見て、そのおむつを使用するようになったけれど、いつまでも赤ちゃんのおしっこがテレビで見るような青い色にならない、いつの日か青くなるのが正しいおしっこの色だと思いこんでしまった結果、悩みに悩み、相談に来られたとのことだったのである。

すでにおわかりであろうが、相談内容は笑い話のような誤解から生まれたものであった。しかし、相談室から帰られるときに、心からの笑顔で、何度も何度も御礼を言われ、「また、来ていいですか」と言われたことが嬉しく、この事例から相談活動の原点を学んだことで、忘れられない指針の一つになっている。つまり、相談活動とは、悩みの内容の重さや軽さではなく、とにかく、自分の悩みが話せること、また、話すことが許される場がいつでも近くにあることの重要さであろう。悩んでおられる方にとって、すべてが重要な悩みなのである。どんな悩みでも聴いてもらえる相談室の存在が大切である。

ところが、いかにも悩みを解決します、と格式張った環境のもとで悩み相談室などを開いたとしたら、どうであろうか。悩みらしい悩みでないと相談できないのではないか、真に相談できる悩みとはなんだろうか、この程度のことでは聴いてもらえないのではないか……と最初の一歩が踏みだせないままに悩んでいる方が大半であろう、と考えておかなければならない。

悩みをもつ人にとっては、相談に行ける場所が身近で、しかも、できれば顔見知りで､気楽に話せることが重要なのである。その意味で､保護者にとって、子どもが通う保育所や幼稚園、認定こども園がそのような場であれば、どんなに喜ばれるか想像に難くはないであろう。しかも、普段着の保育者・教師がそこに常に居るとしたら、どんなに心強いかわからない。そこでの援助の基本は、けっして教訓的な説教ではなく、励まし、共感し、希望を失わせることのない期待感あふれる「ことばかけ」である。

つまり、保育所や幼稚園、認定こども園における相談室は、まず保護者に、気楽に、心許して、どんなことでも聴いてもらえると受け止めていただくことが重要である。しかし、いくら普段着だからといっても、相談内容についても気楽に受けとめてよいということではけっしてない。仮に、相談内容が先の事例のような笑い話であっても茶化すようなことは絶対にしてはならないし、口外してもいけないのである。専門家ではないからとか、相談者が顔見知りであるからといっても、すべての悩みは真剣に受けとめなければならないのである。

どんな悩みであっても、相談者には必死な思いがあり、重い課題なのである。個人の悩みを聴くということは、大変な責任のうえで取り組まなければならない。その意味では、保育者・教師自身の常日頃の私生活への気配りも大切である。たとえば、保育者・教師としての専門性を磨くことはもちろん、ときにリフレッシュできる心の余裕をもった生活全体の豊かさと充実が大切なのである。

●○●　コラム　●○●

相談室が心のオアシスであるように

　現在、核家族化、少子化の進行とともに人間関係の希薄化が保護者同士の心の空洞化さえも引き起こしてきている。今こそ、保育所や幼稚園、認定こども園における子育て支援、悩みの相談室の開設・充実が求められているといっても過言ではない。

　しかし、注意しなければならないのは、保育者は相談活動の専門家ではないという自覚が大切であるということである。あくまでも、保育所や幼稚園、認定こども園における相談室は、気楽におしゃべりでき、ホッとする空間をつくる心のオアシスのような場でありたいものである。そのためには、物理的にも、心理的にも心休まる環境と雰囲気の部屋が必要である。保育所や幼稚園、認定こども園のどこでもよいというわけにはいかない。しかも、誰にも入りやすく、気楽で、落ち着く雰囲気をもった場所でありながら、ある種の緊張感が保たれる場づくりも求められている。そのためには、できればサロンのようなゆったりとした場と機密性の高い部屋が同居していることが望ましい。

　さらに大切なのは、悩みのなかには重要な課題を抱えている場合や緊急な場合があることを、常に想定しなければならないことであろう。そのことにきちんと対処するために、園における相談活動には、専門家のアドバイザーはもちろん、専門機関との連携がきちんとできていることが大切であり、園の責務であることを銘記しておかなければならないのである。

第2章 子どもの発達理解と相談・支援

◆キーポイント◆

この章では、2017年に改定（訂）された「保育所保育指針」「幼稚園教育要領」「幼保連携型認定こども園教育・保育要領」に基づいて、１歳未満の乳児期、１歳以上３歳未満の時期、３歳以上の時期（３歳児から５歳児）という、大きく３つに分けた発達過程から子どもの育ちの特徴をとらえる。

そして、それぞれの時期における子どもの発達の道筋を理解したうえで、一人ひとりの子どもの育ちを支えるかかわりとはどのようなものなのかについて学ぶ。また、一人ひとりの子どもの育ちに応じた支援をするためには、保育者は、園でともに働く同僚や保護者、地域とどのように連携していけばよいのかについて考えていく。

第１節 ● 乳児（１歳未満児）の発達理解と相談・支援

1 —— 乳児の育ちの特徴

保育所や幼保連携型認定こども園（以下、「認定こども園」という）などでは、１歳未満児（産休明けの生後57日目から）の乳児保育が行われている。この時期の乳児には、どのような育ちの姿が見られるのだろうか。乳児の発達は著しく、身体の大きさだけを見ても、出生時からの12か月ほどで、身長はおおよそ24cm前後伸び、体重も６kg前後増える※1。図２－１は、乳児に見られる育ちの特徴を表したものである。乳児は、生後間もない頃から視覚や聴覚などの感覚器官が著しい発達をしており、それらの諸感覚を通して、自分の周囲のさまざまな環境を認知していく。

※１　厚生労働省「平成22年度 乳幼児身体発育調査」

身体的な育ちの側面では、生後間もない頃は自分と外界との区別があいまいで混沌（こんとん）とした状態である。しかし、諸感覚を通して身近な周囲の環境を感じとり、自分を取り巻く世界を徐々に意識しはじめる。生後４か月頃には首がすわり、体幹がしっかりしてくることで、寝返りをする、座る、はう、つたい歩きをするなどの運動機能も発達する。このような運動機能の発達は、身近な環境へのかかわりを促して行動範囲を広げ、周囲の環境にもっとかかわってみたいという好奇心の芽生えへとつながる。

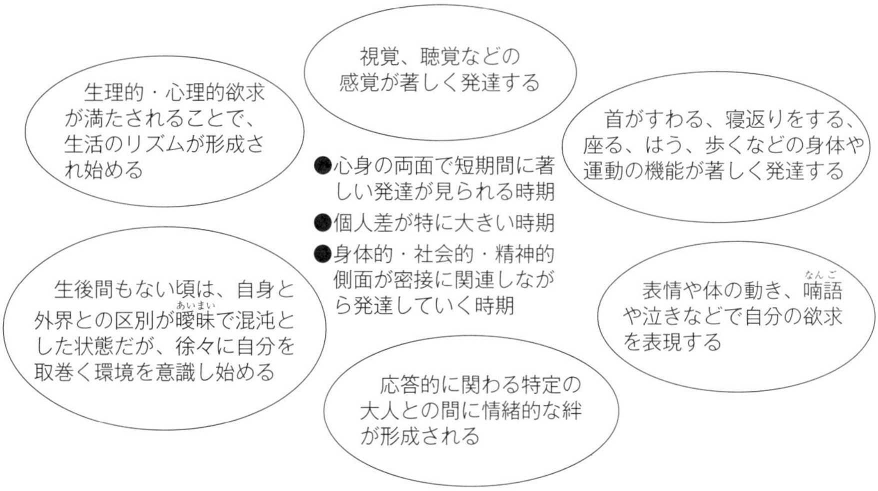

視覚、聴覚などの
感覚が著しく発達する
生理的・心理的欲求
が満たされることで、
生活のリズムが形成さ
れ始める
首がすわる、寝返りをする、
座る、はう、歩くなどの身体や
運動の機能が著しく発達する
●心身の両面で短期間に著
しい発達が見られる時期
●個人差が特に大きい時期
●身体的・社会的・精神的
側面が密接に関連しなが
ら発達していく時期
生後間もない頃は、自身と
外界との区別が曖昧で混沌と
した状態だが、徐々に自分を
取巻く環境を意識し始める
表情や体の動き、喃語
や泣きなどで自分の欲求
を表現する
応答的に関わる特定の
大人との間に情緒的な絆
が形成される

図2－1　乳児（1歳未満児）の育ちの特徴

出典：厚生労働省「保育所保育指針解説（平成30年3月）」の「乳児保育」を参考に著者作成

また、日々の生活のなかで生理的・心理的欲求が満たされることで、自分の満足感や心地よさもわかるようになる。このように、乳児にとって満足感や心地よいという快の体験を積み重ねていくことが、生活リズムの感覚を身につけることにつながるのである。

社会的・精神的な育ちの側面では、生活のなかでの生理的欲求や、周囲の環境にもっとかかわってみたいという好奇心の気持ちなどを、表情や体の動き、泣き、喃語などで表現する姿が見られるようになる。それに伴って、いつも身近にいて身のまわりの世話をしてくれる人や、愛情豊かに応答的にかかわってくれる特定の大人との間に情緒的な絆が形成される。これが、これ

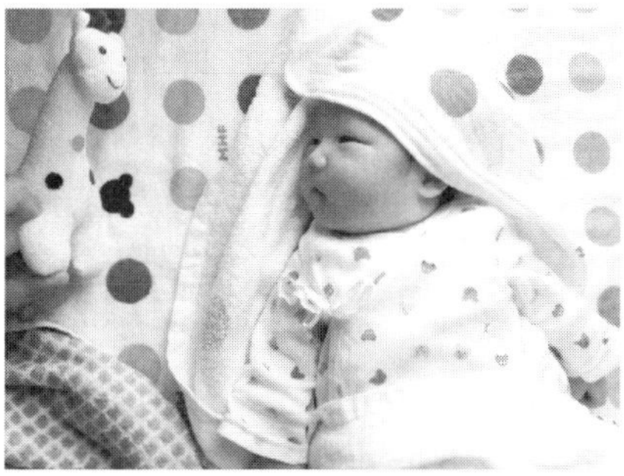

新生児の頃の姿
目の前のおもちゃをじっと見つめている

4か月頃の姿
腹ばいで頭をしっかりと持ち上げている

からの社会的な育ちの基盤となっていく。

以上のように、1歳未満の乳児は、心身の両面で短期間に著しい発達が見られる時期であるとともに、身体的な諸条件や生育環境によって、個人差が非常に大きいことも特徴である。また、この時期は、心身のさまざまな機能が未熟であり未分化なため、身体的・社会的・精神的な諸側面が、各々独立して育つのではなく、互いに密接に関連しながら発達していく時期でもある。

2 ―― 乳児の育ちを支えるための相談・支援

ヒトの赤ちゃんは、身体運動能力・体温調節能力・飲食能力などがすべて未熟な状態で生まれてくるがゆえに、親の子育ての負担は長く続き、ヒトの子育てのしくみは、ほかの人から助けてもらえることを前提にして成り立っている[1)]。このことからも、特に乳児期の子どもにかかわる者たちには、互いに協同して一人ひとりの子どもの育ちを支えていくことがいかに必要であるかがわかる。

しかしながら、昨今では少子化に伴うきょうだいの減少や地域における異世代との交流の希薄化などから、乳児と触れ合う経験がないままに親になる者も多く、特に初めて親になる第一子に対する親の育児の不安は大きい。野川ほかの調査によると[2)]、乳児をもつ母親の育児相談で多かった内容は、乳児の「成長・発達」と「授乳・離乳」についてであり、調査対象の9割以上の母親が相談内容として選択していた。また、筆者が子育て支援活動の一環として取り入れているノーバディーズ・パーフェクト・プログラム[※2]における対話のワークショップでは、「乳児とどうやって遊べばよいかがわからない」「育児と仕事との両立がむずかしい」「どうやってママ友をつくればよいのか」というようなテーマでの話し合いを希望する親が多く見受けられる。このように、乳児の育ちにかかわるものから、乳児を育てる生活における親自身のあり方まで、乳児期の子どもを育てる親の相談内容は幅広い。

※2　ノーバディーズ・パーフェクト・プログラム
ノーバディーズ・パーフェクト・プログラムは、カナダ発の就学前の子どもを育てる親支援プログラムである。Nobody's Perfectは、完璧な親などいないという意味である。

では、このような悩みをもつ乳児期の子どもを育てる親を、保育所や認定こども園はどのように支援すればよいのだろうか。保育所や認定こども園には、保育者だけではなく、看護師、栄養士、調理員など専門の職員という人的な資源がある。したがって、ぞれぞれの専門性を活かした相談・支援を行うことができる。なかでも初めて乳児の子育てをする親にとっては、乳児の「成長・発達」や「授乳・離乳」についての相談を、日々の園でのわが子の姿を知っている身近な専門職に相談できることは、心強いことである。

また、保育所や認定こども園には、乳児の育ちに即した保育施設、園庭や遊具などの物的な資源も整っている。通常の保育だけではなく地域の子育て支援の場としても位置づいているため、地域交流や活動の場として開放することにより、地域で子育てをしている親同士や地域の人々と交流する場としても機能する。この場で、ほかの親たちがどのような工夫をしているのかなどの情報を気軽にやりとりしたり、親同士のつながりをもったりすることも可能となる。

保育者は、まず、日々の保育において、保護者との信頼関係を構築することが必要である。そのためには、保護者が親として日々成長していることを理解し、子育て経験の少なさを批判するのではなく、ていねいに誠実に相談に向き合うことが必要である。かたい雰囲気の相談というよりは、自然に雑談のような感じでなんでも相談できるような雰囲気や場づくりが大切である。困ったときには保育所や認定こども園に気軽に相談できるという安心感をもてるようにして、孤立した子育てにならないように支援することが求められる。

また、保護者は家庭で過ごすときの子どもの様子をよく知っており、保育者は園で過ごしているときの子どもの様子をよく知っている。一人ひとりの子どもをともに育てるパートナーとして、両者が知っている子どもの姿を共有しあい、子どもの生活に連続性をもたせることは、子どもの育ちを支えるために欠かすことができない。

第２節 ● １歳以上３歳未満児の発達理解と相談・支援

１ —— １歳以上３歳未満児の育ちの特徴

１歳以上３歳未満の時期の子どもには、どのような育ちの姿が見られるのだろうか。乳児の育ちから連続して、この時期も身体的、社会的、精神的の諸側面が、互いに重なりあいながら発達する時期である。図２－２は、１歳以上３歳未満の時期の子どもに見られる育ちの特徴を表したものである。

この時期の身体的な育ちの特徴としては、満１歳の誕生日を迎えるあたりから徐々に歩き始めて、だんだんしっかりと歩けるようになり、やがて、走る、跳ぶなどの全身を使った運動機能が発達していく。自分の体を思うように動かすことができるようになることで徐々に行動範囲も広がり、さまざまな環境に出会う機会が増えて好奇心も旺盛になってくる。

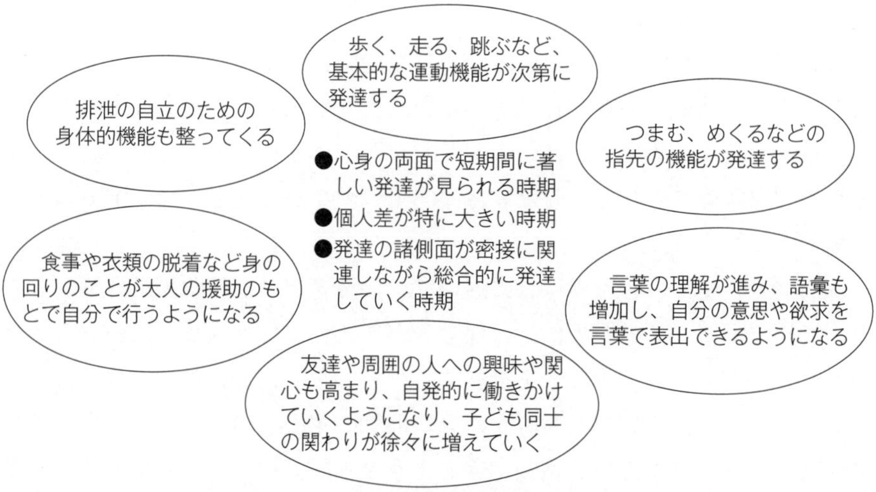
歩く、走る、跳ぶなど、基本的な運動機能が次第に発達する
排泄の自立のための身体的機能も整ってくる
つまむ、めくるなどの指先の機能が発達する
●心身の両面で短期間に著しい発達が見られる時期
●個人差が特に大きい時期
●発達の諸側面が密接に関連しながら総合的に発達していく時期
食事や衣類の脱着など身の回りのことが大人の援助のもとで自分で行うようになる
言葉の理解が進み、語彙も増加し、自分の意思や欲求を言葉で表出できるようになる
友達や周囲の人への興味や関心も高まり、自発的に働きかけていくようになり、子ども同士の関わりが徐々に増えていく

図２－２　１歳以上３歳未満児の育ちの特徴

出典：厚生労働省「保育所保育指針解説（平成30年３月）」の「１歳以上３歳未満児の保育」を参考に著者作成

また、もっと細かい動き、たとえば、なにか小さなものを指先でつまむとか、絵本のページをめくるというような手指を使った動きも発達する。それに伴い、大人に手伝ってもらいながらも身のまわりのことを自分でしようとする姿が見られるようになる。このことは、食事や着脱など基本的な生活習慣の自立にもつながる。

そして、この時期は、まだオムツをしている子どもがほとんどだが、排泄が自立していくための身体的機能も整ってくるため、この頃からトイレトレーニングを始めることも多い。

社会的・精神的な育ちとしては、ある程度歩けるようになって行動範囲が広がることにより、周囲の人への興味や関心も高まって自発的に働きかける様子も見られるようになる。また、親や保育者などの大人とのかかわりから、だんだんと子ども同士のかかわりも増えていく時期でもある。応答的に人とかかわり合うことにより、言葉の理解が進み、語彙（ごい）も増え、自分の意思や欲求を言葉で表出できるようになってくる。２歳頃になると、かなりしっかりと言葉で自己主張をする姿も見られるようになる。この頃は、一般に「イヤイヤ期」とも呼ばれ、大人が手伝おうとすると嫌がり、自分でやりたいと自己主張する時期でもある。

以上のように、心身の両面で短期間に著しい発達が見られる時期であるとともに、身体的な諸条件や生育環境によって個人差が非常に大きいという点は、乳児の時期から連続する特徴である。そして、愛情豊かに応答的にかか

１歳１か月頃の姿
手指をつかってサクランボをつまむ

１歳５か月頃の姿
ほかの子どもが遊んでいる様子に興味津々で近づく

わってくれる信頼できる大人との情緒的な絆（きずな）をよりどころとして、発達の諸側面が密接に関連しあいながら総合的に発達していく時期でもある。

2 —— １歳以上３歳未満児の育ちを支えるための相談・支援

前述したとおり、この時期の子どもは乳児の頃よりも活動範囲が広がって好奇心旺盛になり、また身のまわりのことが徐々に自分でできるようになるなど、著しい発達をする時期である。さらに、自我の芽生えとともに自己主張も強くなる時期である。これらが相まって、「自分でやりたい」「大人に手伝われるのが嫌だ」「でも、思いどおりにうまくできない」というような複雑な気持ちが生じることから、特に２歳頃になると「イヤイヤ期」と呼ばれる状態がおとずれる。ちょうど、食事の自立やトイレトレーニングを始める時期でもあり、この時期の子どもへのかかわりにストレスを感じている親は少なくない。

各自治体のホームページなどを見ると、乳幼児の育児相談コーナーや役立ち情報などが掲載されている。たとえば、茨城県龍ヶ崎市の育児応援サイト[※3]では、食事に関する相談として、「食器をかき混ぜたり、遊び食べが多くて困っています（１歳１か月）」、「手づかみでしか食べません。いつまでよいのでしょうか（１歳４か月）」という内容や、生活に関する相談として、「イヤイヤ期が始まり大変です（１歳５か月～７か月）」、「自分でやりたがることが増え、危険も多くなって心配です（１歳10か月）」、「しつけは、いつ頃からしたらよいのでしょうか。怒ると余計ひどくやります（１歳１か月）」という内容が取りあげられ、Q&Aで掲載されて、同じ悩みをもつ親などに

※３　茨城県龍ヶ崎市育児応援サイト（https://www.city.ryugasaki.ibaraki.jp/fukushi/kosodate/dekakeru/kosodateshien/zadankai/2013092400144.html）

広く共有されている。

では、このような時期の子どもを育てている親を保育所や認定こども園としてどのように支援すればよいのだろうか。食事やトイレの自立などについては、園の生活においても日々営まれていることであるため、園での子どもの様子を細やかに伝えたり、保育者がどのような工夫をしているのかなどをていねいに共有することも必要である。それでも子どもたちは、園と家庭という環境の違いや、保育者と親（家族）の違いなどを鋭く感じとっている。これらをふまえ、保育者は、園ではできるのに、家ではできないというような、家庭や親を否定する視点で相談に応じることがないように留意する必要がある。

さらに、同じ時期の子どもを育てる親同士が集い、ざっくばらんに話しあったり、工夫や情報を共有する場として、保育所や認定こども園が施設を開放できるような園内体制を整えることも必要である。そうした取り組みのなかで、相談や支援の内容によっては、必要に応じて地域の子育て経験者や専門機関との連携や協力につなげることができる仕組みを整えることも重要である。

第３節 ● ３歳以上児の発達理解と相談・支援

1 ―― ３歳以上児の育ちの特徴

３歳以上の幼児期の子どもには、どのような育ちの姿が見られるのだろうか。この時期には、家庭において親やきょうだいなど近しい人とのかかわりが中心だった生活から、より広い世界へと興味関心が広がり、依存から自立に向かう時期である。図２－３は、３歳以上の幼児期の子どもに見られる育ちの特徴を表したものである。

この時期になると、身体がさらに著しく発育し、運動機能もますます発達して基本的な動作は一通りできるようになる。それに伴い、周囲の環境とかかわりながら、全身を巧みに使って活発に遊ぶ姿が見られるようになる。行動範囲が広がり、子ども同士で戸外や高さのある遊具などを使って夢中になって遊ぶ機会も増えることから、保育者は、子どものさまざまな挑戦を見守りつつも、大きな事故につながらないよう安全面にも十分配慮しなければならない時期である。

基本的な生活習慣においても、ほぼ自立する時期である。生活のリズムが

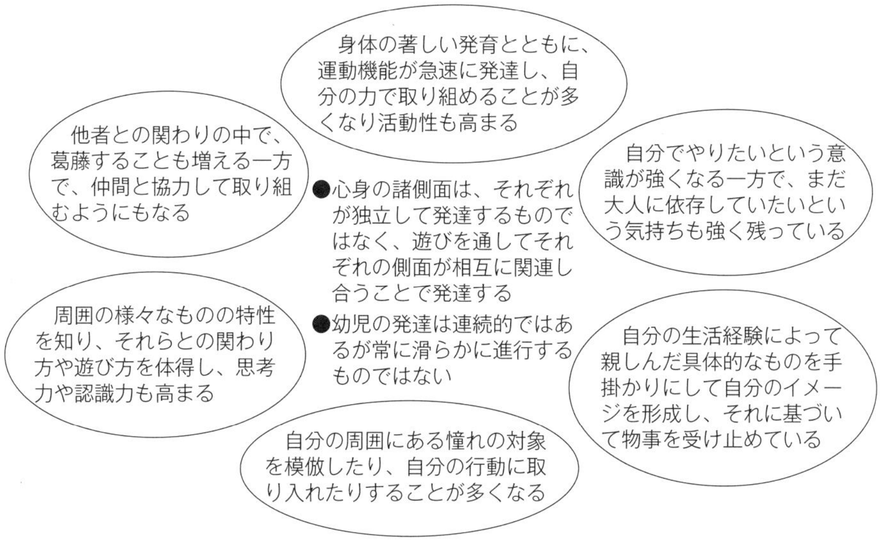
身体の著しい発育とともに、運動機能が急速に発達し、自分の力で取り組めることが多くなり活動性も高まる
他者との関わりの中で、葛藤することも増える一方で、仲間と協力して取り組むようにもなる
自分でやりたいという意識が強くなる一方で、まだ大人に依存していたいという気持ちも強く残っている
●心身の諸側面は、それぞれが独立して発達するものではなく、遊びを通してそれぞれの側面が相互に関連し合うことで発達する
●幼児の発達は連続的ではあるが常に滑らかに進行するものではない
周囲の様々なものの特性を知り、それらとの関わり方や遊び方を体得し、思考力や認識力も高まる
自分の生活経験によって親しんだ具体的なものを手掛かりにして自分のイメージを形成し、それに基づいて物事を受け止めている
自分の周囲にある憧れの対象を模倣したり、自分の行動に取り入れたりすることが多くなる

図２－３　３歳以上児の育ちの特徴

出典：厚生労働省「保育所保育指針解説（平成30年３月）」の「３歳以上児の保育」および文部科学省「幼稚園教育要領（平成30年３月）」の序章を参考に著者作成

整うと日々の生活の流れがわかるようになり、見通しをもって自ら進んで行うようにもなる。自分でできることが増えるため、なんでも自分でやりたいという気持ちが強くなる時期でもあるが、一方で、まだ大人に依存したい、甘えたいという気持ちが強く残っているのも特徴である。

また、この時期の子どもは、これまでの生活のなかで自分が経験してきたことを手がかりとして思考し、周囲のさまざまな物事の特性に気づいたり、認識したりして受け止めたりしている。したがって、物事のとらえ方やイメージは、個々の子どもによって多様である。異なる生活環境で育ってきた子どもたちが園で交流し、一緒に遊ぶなかで、互いの物事のとらえ方や自分のイメージとの違いに気づいていくことになる。

人との関係においては、家族など気心の知れた人とのかかわりが主な生活から、家族以外の人々とのかかわりへと広がるため、他者との関係においてさまざまな姿が見られるようになる。たとえば、自分になじみのある人やあこがれの対象となる人の言動や態度を模倣したり、自分の行動に取り入れたりするようになる。また、同年代の幼児がそばにいると、初めは別々の活動をしながらも、次第に相手の使っている遊具や遊びに興味や関心を示し、やがて一緒に遊ぶ姿も見られるようになる。

このような過程を経て、自分一人で活動するよりも、友だちと一緒に活動することの楽しさに気づき、遊びがダイナミックに発展することを体験する

3歳頃の姿
ジャンプして風船にタッチ！

3歳頃の姿
土の中からなにかを見つけた！

ことが、さらなる人間関係の広がりにつながっていく。一方で、友だちと一緒になんらかの遊びや活動をする際には、互いがもつ思いやイメージの違いにより、自己主張をしてぶつかりあったり、自分の思いどおりにならず葛藤したりすることも増える時期である。しかし、この一見ネガティブに見える葛藤やつまづきなどの体験こそ、相手に自分の思いをどのように伝えればよいのか、どのように折り合いをつければ協働できるのかということを体得する大切な機会となる。

この時期の心身の諸側面は、それぞれが独立して発達するのではなく、友達と一緒に活動したり、遊んだりするなかで、それぞれの側面が相互に関連しあうことで発達していく。そして、これらの発達は連続的ではあるが、必ずしも常に滑らかに進行するのではなく、停滞したり、行きつ戻りつしながら発達していくのである。

2 —— 3歳以上児の育ちを支えるための相談・支援

前述したとおり、この時期の子どもは、家庭において親やきょうだいなど近しい人とのかかわりが中心だった生活から、より広い世界へと興味関心が広がり、依存から自立に向かう時期である。

3歳未満の時期とは異なり、同年代の子どもとの集団での活動が増えてくるため、友だちとのいざこざや葛藤も体験する。保育者は、このような場面での子どもの感情や体験をしっかりと見取り、受け止めて、子どもが切磋琢磨（せっさたくま）して乗り越えることができるように支援する必要がある。

この時期になると、園生活におけるほとんどのことを自立し、自分でやりたいという思いも強くなる一方で、まだ大人に依存したい、甘えたいという気持ちが強く残っている時期であることも理解して、子どもにとって保育者が安心・安全のよりどころとなって支えることが大切である。

また、この時期の終わりは、小学生となる児童期へとつながっていくため、園生活で育まれた姿が、子どもにとって無理なくスムーズに小学校生活へと引き継がれていくための支援が重要となる。

保護者のなかには、小学校生活にいかに適応させるかということに意識がいき、不安を募らせる様子も見受けられる。たとえば、小学校に入学するまでに「文字の読み書きができるようにしておかなければ」というように、「○○ができる、できない」というとらえ方にばかり偏ってしまうと、幼児期の子どもが遊びと環境を通してさまざまな経験をしながら学ぶという視点がおざなりになってしまう。このような不安をもつ保護者に対して、保育者は、園での生活や遊びのなかに多くの学びの芽生えがあることをしっかりと説明できることが求められる。

また、保育者自身にもそれぞれの子ども観があり、その視点から子どもをとらえているため、自身が目の前の子どもに対して一方的な見方をしていないか、見方が偏っていないかなどを常に意識することも必要である。一人の子どもを他の子どもと比較して否定したり、保育者の価値観のみで決めつけたりすることがないように、園の同僚間で子どもの姿を共有し、それぞれの見取り方について話しあう場をつくることにより、多角的な視点から子どもをとらえて育ちを支えることができるのである。

【引用・参考文献】

1）遠藤利彦『赤ちゃんの発達とアタッチメント――乳児保育で大切にしたいこと』ひとなる書房　2017年　pp.12－13
2）野川瞳・小林恵子・八尾坂志保「乳児の母親が育児相談において保健師に相談したい内容と背景要因」新潟大学医学部保健学科『新潟大学保健学雑誌』17(1)　2020年
3）厚生労働省編『保育所保育指針解説（平成30年３月）』フレーベル館　2018年
4）文部科学省『幼稚園教育要領解説（平成30年３月）』フレーベル館　2018年
5）内閣府・文部科学省・厚生労働省『幼保連携型認定こども園教育・保育要領解説（平成30年３月）』フレーベル館　2018年

●○● コラム ●○●

親準備性

「親準備性」とは、いまだ乳幼児を育てた経験のない思春期や青年期の若者の子育てに関する知識や技能、子どもへの関心、親になろうとする態度などのことである。

中学校や高等学校では、生徒の親準備性を育むために、家庭科の保育領域の授業のなかで保育体験学習という取り組みが行われている。これは、中学・高校生が、机上で保育や乳幼児の発達について学習するだけではなく、実際に近隣の保育所や幼稚園、認定こども園などの乳幼児と触れ合うことで直接的な体験をするというものである。この家庭科での保育体験学習を経験することで、中学・高校生の乳幼児に対する関心が高まったり、乳幼児に対する共感的なかかわりが促されたりする効果が研究により明らかにされている。

園を訪れて乳幼児と触れ合った中学・高校生は、保育体験学習の後の感想文のなかで、「あんな小さな子どもが、身のまわりのことを自分でやろうとしていることに驚いた」「2歳の幼児が、一人で上手に着替えをしているのを見て、すごいと思った」という記述が多く見られる。昨今は、きょうだいが少ないこともあり、年齢の大きく離れた乳幼児とかかわる経験がない生徒がほとんどのため、彼らにとって新鮮な気づきとなっているのだろう。直接的な体験がいかに必要であるかがわかる。

また、乳幼児の親にとっても、普段ほとんど接点のない中学・高校生世代とのかかわりによって、思春期は反抗期だから怖いと思い込んでいたが、どの生徒も子どもにとてもやさしくかかわっている姿を見て、わが子の近い将来がイメージできてよかったという声も多くきかれた。

このような触れ合いの機会は、近い将来に親世代となる中学・高校生にとっても、今現在、育児に奮闘している親自身にとっても、貴重な支援の一つとなっているといえるだろう。

第3章 保護者への対応——子育て支援の視点から

◆キーポイント◆

近年、子どものことは園に任せっきりだったり、子どもより自分のことを優先したり、園や保育者に要望したり抗議したりする保護者の姿が見られる。さらに、家庭の問題や人間関係の悩みなど、子育て以外の悩みを抱える保護者も増加しており、保育者はそうした相談の対応にも追われている。よりよい保育を考えるうえでは、保育者と保護者の協力や連携が重要であるが、その基盤となる関係を築くこと自体が難しい現状がある。

そこで本章では、保育者と保護者がともに子育てをする関係をめざすうえで、保育者に求められる対応の基本について述べる。第1節では、保育者と保護者との信頼関係を築いていくための基盤となるコミュニケーションの取り方について考え、第2節では、保護者からの要望や抗議への対応における基本的な姿勢と考え方を述べる。第3節では、子育てのなかで「親育ち」の視点をもつことの重要性と、「親育ち」のための支援のあり方を考える。

第1節 ● 親子の関係づくりの支援

1 —— 子育ての悩みへの対応

(1) 親にとっての子育ての悩み

親にとって、わが子の成長はなによりも大きな関心事である。子どもへの思いが強ければ強いほど心配や悩みは大きく、絶えることがない。たとえば、育児書やテレビ番組で「オムツは○歳ごろに取れる」「○歳ごろには歩けるようになる」という情報に触れた場合、その情報とわが子の成長を比べ、わが子の成長が遅ければ、なにか問題があるのではないかなどと心配したり、不安になったりする。また、他の子どもと比べてみてわが子の成長を喜んだり、子育てに悩んだりすることもある。一方で、わが子の発達上の問題や障がいを知り、その事実を受け入れることができずに悩んでいる親、子どもにどのようにかかわればよいのかわからずに悩んでいる親もいる。

このように親の姿はさまざまであるが、どの親も多かれ少なかれ不安や悩みを抱えながら子育てをしている。ただし、同じような問題や状況を抱えていても、親の性格や価値観、家庭の状況、親子関係のあり方などによってその受け取り方は異なるのである。

保護者にとって、保育者は子育てのなかで身近にいるよき相談相手である。それだけに保護者から保育者への相談は、ちょっとした子育ての悩みから家庭の問題にかかわる深刻なものまでさまざまであり、保育者に求められるものもアドバイスから具体的な解決策まで幅広い。なかには相談というよりも、ただ話を聞いてほしいという場合も少なくない。近年、家庭や近所で子育ての悩みを相談できる相手が少なくなっているなかで、保育者への相談は増加しており、保育者はその対応に追われている。しかし、保護者とのこのようなやりとりが、保育者と保護者との関係を築いていくうえで重要なものなのである。

(2) 保育者と保護者との信頼関係

保育において、保育者と保護者との信頼関係のもとに、わが子の成長を願う保護者と一人ひとりの子どもの成長を願う保育者が協力しあって子どもを育て、ともにその成長を確かめ喜び合えることはなにより望ましいことである。しかし、そうした信頼関係は簡単に築かれるものではない。

保育者に対して「保護者との関係で望むこと」を尋ねると、「なんでも話しあえ、信頼関係を築けること」「その子がよりよく育つために協力しあえるような関係を築けること」などの回答がみられる。一方、「現在、保護者との関係で悩んでいること」を尋ねると、「なにかを伝えるときに、どのことばを使ったら適切で気分を害さないか迷うこと」「園の懇談会やクラスの集まりに来ない保護者と話す機会がなかなかもてないこと」「要求ばかりする親への対応」などといった回答がみられる。これらの回答は、保育者としては保護者と信頼関係を築きたいという思いがあるものの、現実にはそれが難しい状況にあることを示している。

では、なぜ保育において、保育者は保護者と信頼関係を築くことが難しいのだろうか。その要因として、以下のことがあげられる。

① 保育者と保護者の立場の違い

保護者はなによりもわが子のことを一番に考えるものである。それに対して、保育者は一人の子どものことだけを考えているのではなく、一人ひとりの子どもにかかわりながら、同時に複数の子どもとかかわっている。こうした立場の違いから状況の受け取り方や対応の仕方が異なり、保育者と保護者の間に誤解や行き違いが生じることがある。たとえば子どもがケガをした場合、保育者はケガの治療をしたうえで身体的に大きな支障がなければ大丈夫だと判断し、それを保護者に伝える。しかし、保護者は、保育者が保護者を安心させるために言ったことであっても、「ケガをしているのに大丈夫とはどういうことか」と怒りを表すことさえある。保護者にとっては、わが子に起こったことはどんなことでも重大なことなのである。

② 性格や価値観の違い

保育者と保護者は別々の人間であって、性格も異なれば価値観もそれぞれである。違って当たり前、相性のよい人もいれば悪い人もいる。これらを前提に保護者とかかわっていかなければ、「なぜわからないのか」「どうしてそうなのか」という思いばかりが強くなり、次第に相手に対して不信感を抱くようになる。さらには、「この人はそういう人だ」と決めつけたり先入観をもつことになり、保育者と保護者との信頼関係の構築を妨げることにもなる。

(3) 信頼関係を構築するために必要なこと

① 日々のコミュニケーションを大切にする

信頼関係はすぐに築かれるものではなく、ある程度の時間をかけ、プロセスを経ながらつくり上げられていくものである。そのプロセスにおいて重要となるのが、保護者との日々のコミュニケーションである。お迎えのときの雑談やちょっとしたおしゃべりも、貴重な情報交換や情報収集の場となる。また、さりげないアドバイスや子育て以外の話題について話をするなかで、話しやすく相談しやすい関係が築かれていき、信頼関係を構築する第一歩となるのである。時間がなくて直接話ができないときや保護者以外の家族がお迎えに来るときには、連絡帳を使って園での様子、家庭での様子、健康面などについてやり取りすることも大切である。

ただし、コミュニケーションを取ること自体が難しい保護者もおり、こうした保護者とかかわっていくことは、保育者にとってエネルギーのいることである。しかし、あきらめずに保護者と一生懸命話をしていこうと努力する姿勢をもつことが大切である。

② 一人の人間として保護者を見る

園では、保護者を「○○ちゃんのお母さん」と呼ぶ光景をよく目にする。子どもを真ん中においた保護者、保育者の三者の関係のなかで、保育者はいつの間にか保護者を一人の人間ではなく親としてのみとらえ、無意識のうちに子どもの付属物であるかのように見ている場合が多いのではないだろうか。確かに、保育において子どもを中心にした保育者と保護者との関係は大切である。しかし、それだけでは、保護者は親としてのみ生きることを求められているような息苦しさを感じてしまう。特に母親のなかには、妻として、母親としてだけでなく、もっと一人の女性として、人間として見てほしいという思いの強い人もいる。

最近では、子どもより自分のほうを見てほしい、かかわってほしいという気持ちから、保育者との関係を求める保護者も増えてきている。生活のなかでの精神的な不安定さを保育者との人間関係で解消し、安定を得ようとしているのだろう。

③ トラブルから生まれる関係もある

保護者との信頼関係を築こうとするなかでは、いつも順調に関係が築かれていくわけではない。また、いったん築かれた関係も常に良好に保たれるわけではない。信頼関係を築いていくプロセスにおいては、誤解や勘違いから関係が気まずくなったり、トラブルが生じてしまうことがある。しかし、そうしたトラブルがいつも関係を悪い方向へ導くということではない。

保育者として精一杯したことがうまく保護者に伝わらないのは、保育者にとってつらいことである。そうならば、いっそ表面的につき合っていくほうが楽だと考えるようになるだろう。だが、困難な状況から逃げていては何も解決しないし、信頼関係も築かれない。子どものためにトラブルをいかに乗り越え、その後、どのように保護者とかかわっていくかが重要なのである。

2 —— 保護者と子どもの関係をつなぐ保育者

(1) 保護者と子どもの関係の現状

ある保育所の園長先生の話である。園でどれだけ規則正しい生活を心がけて保育していても、週末を家庭で過ごすと子どもは生活リズムを崩し、月曜日に登園してくるときには寝不足のうえに朝食抜きで、昼頃までぼうっとしている状態である。そうした子どもの姿は、子どもとは思えないほどだという。そこで園では、日々の保育によって子どもたちの生活リズムを取り戻していき、週の半ばあたりにはようやく食欲も戻り、本来の子どもの姿を見せるようになっていく。と思うと、また週末になるというその繰り返しなのだという。このように、子どもの生活や発達には、園での保育だけでなく、家庭や親子の関係が大きな影響を与えるのである。

近年、特に保護者と子どもの関係を見ていて気になるのが、わが子の世話ができておらず虐待ではないかと疑うほどの状況や、逆に保育者に「陽に当てないで、汗をふいて、服を着せて」と要求してくる異常なほど過保護な様子などである。ほかにも、朝食や睡眠といった生活習慣にかかわる部分で、保護者自身の生活スタイルは変えずに、子どもの生活を自分たちの都合に合わせ、たとえば、朝食をつくらない、夕食はいつもコンビニ弁当、夜遅くまで子どもとテレビを見るといった状況がみられる。

ひとり親、里親、ステップファミリーなど、近年ますます多様化する家庭や家族のありようのなかで、親の養育スタイルも親子の関係もさまざまである。しかし、なかには虐待や不適切なかかわり（マルトリートメント）といった養育上の問題がみられる場合もある。特に、虐待は子どもにとってトラウマ（心的外傷）体験となりうるものであり、生涯にわたって心身に深刻な影響を及ぼすといわれている。

(2)　現在の保護者と子どもの関係から見えてくるもの

①　自分らしく生きたいという思い

保護者は親であると同時に一人の人間である。子どもがいるからといってすべてを子ども中心に、自分のことより子どものことを優先に生きていくことができるわけではない。保護者に対して親としての我慢や犠牲を求めすぎると、人間として尊重され、人間らしく生きていくことが難しいと感じてしまう。しかし、だからといって子どもの存在を置き去りにし、自分らしくと言ってばかりはいられない。親である以上、子どもを育てる責任がある。問題は、親として果たすべき責任と、一人の人間として生きることのバランスをいかに取っていくかということである。

②　子育てのなかで求めている安心と共感

多くの保護者はそれぞれの思いをもって、試行錯誤しながら懸命に子育てしている。なかには、それだけの思いで育てたわが子の成長が、そのまま自分自身の評価であるかのように受け取る保護者もいる。子どもがほめられれば自分がほめられたかのように喜び、子どもになにか問題があれば自分の責任だと自身を責める。誰でも人にほめられ認められたいと思うものである。保護者は特に子育てにおいてほめられたり、認められたりすることで親としてだけでなく、一人の人間として自信をもち、安定した気持ちをもつことができるのである。そのために、子育ての専門的な知識よりも、親近感がもて共感できる情報や人を求めているように思われる。

(3)　保育者の働きかけにおける留意点

子育てのさまざまな困難な状況のなかで、保護者と子どもとの関係を構築するために、保育者にできること、保育者がしなければいけないことについて以下の点をあげる。

① 養育者としての保護者の主体性を尊重すること

家庭における子どもの養育責任者は、あくまでも保護者である。そこで保育者が指導するかのように、一方的に正しい保育論や子育て論を述べることは、保護者としての自信を失わせ、追いつめることになる。保育者は保護者を指導する対象としてではなく、支え考えあう関係のなかでともに子どもを育てるパートナーとしてとらえることが大切である。そのため、保育者には、一人ひとりの保護者の主体性を尊重しつつ、ありのままを受けとめる受容的態度が求められる。

② 配慮あるアドバイスを提供すること

まず、保育と子育ての違いを認識し、アドバイスすることである。保育は保育者という専門家によって、意図的かつ計画的になされるものである。それに対し、子育てはそれぞれの家庭生活の一部としてなされるもので、保護者は子育てだけをしているわけではない。したがって、子育てに費やすことのできる時間も心の余裕も十分に確保できないこともあるため、そうした保護者の立場に立ったアドバイスが必要となる。

次に、保護者の様子を見ながら、段階的にアドバイスすることである。まずは今できていること、これまで努力してきたことを認めたうえで、できそうなことを「～をしてください」ではなく、保護者が選択できるようにいくつか考えておくことである。しかし、保護者にも得意不得意があり、すぐにできることもあれば時間がかかることもある。ときには、アドバイスしてもなかなか実行しない場合もある。そうしたとき、「何度も伝えたのに、せっかく教えたのに」と思うのではなく、仕事や家事に追われる忙しい時間のなかで少しずつでもやっていけるように、やり方や段取りを具体的に伝えることが大切である。

保育者は、正解を与えることが役割ではない。保護者が目の前の子どもを見て、自らの思いをもって判断しながら子育てすることができるようにアドバイスするのである。したがって、保育者は、誰もがすぐに完璧にできるわけではなく、そうでないことのほうが当たり前であるということを前提に、忙しい日々のなかで保護者が少しでも一緒にがんばっていこうと思えるような働きかけを、長期的に根気強く続けていく姿勢をもたなければならない。

③ 聞き手となり話し手にもなること

保育者にとってなによりも大切なことは、保護者の話をよく「聴く」ということである。その点で、保育者には、カウンセラーのように上手に相手の話に耳を傾け、共感することが求められる。保育者に話を聞いてもらったこと、共感してもらえたことの喜びや安心感は保護者にとって子どもと向き合う力となり、子どもとの関係づくりの原動力となるのである。

しかし、常に聞き手としてだけ保育者がいるのでは不十分である。ときには話し手となって、子育ての楽しさや喜びを伝えることも必要である。保護者が子どもと望ましい関係を築いていくとき、最も重要なことは子育ての楽しさを感じたり、子どもの成長を喜んだりすることである。たとえば、子どもが初めてなにかをしゃべったときや初めて一人で立った瞬間の喜びは、それまで感じていた不安やイライラを一瞬で消すほどのパワーをもっている。したがって、園のなかで見られた子どもの成長を保護者に伝え、ともにその喜びを分かちあうことが大切なのである。

第2節 ● 保護者の要望と園の方針との間で

1 —— 要望する保護者の実態

(1) 保護者からの要望・抗議の実態

近年、園に対する保護者からの要望が増え、なかには対応できないような内容のものまで見られるようになってきた。マスメディアでは理不尽な苦情や無理難題を要求する保護者を「モンスターペアレント」と称し、社会現象として取り上げている。しかし、保育所や幼稚園、認定こども園ではそうした一部の保護者に見られる特別な問題だけでなく、以下にあげるようなさまざまな保護者への対応に悩んでいる。

- 自分の子どものことだけを考え、「これはいけないのではないか」と保育になにかと文句をつけてくる。
- 不満を直接言わずに、陰で言う。
- 「他のお母さんが自分を妬んでいるのではないか」など、物事を悪い方向へ考え、そうしたことを相談してくる。
- 障害があることはわかっているが、「心配していません、大丈夫です」と保育者からのかかわりを拒否する。
- とても危ない行動が多く、集団にもなかなか入れない子どもの様子を伝えるが、「男の子だから当たり前」と言って受け止めてもらえない。

なかでも最も保育者を悩ませるのが、かみつきやケンカに見られるような子ども同士の関係やそれにかかわる対応への抗議である。場合によっては子どもがケガをしてしまうこともあるため、その対応は大変難しい。保護者に対して経緯の説明をするとともに、子どもがケガをした場合には謝罪も必要となる。たとえば、かみつきの場合、かみつかれた子どもの保護者としては子どもがかみつかれたこと自体がショックであり、痕(あと)が残るほどであればいっそう心配するものである。その気持ちから、「なぜかみつかれたのか」「保育者はきちんと子どもを見ていたのか」など疑問を感じ、それが抗議となっていくのである。

(2) 要望・抗議に見る保護者の姿

以上のような様子から、「困った保護者」「気になる保護者」と呼ばれる保護者たちの姿が見えてくる。

「困った保護者」とは、攻撃的な保護者、自分本意・自分勝手な保護者、わが子を中心にしか考えられない保護者などがあげられる。やたらに要望してきて、その内容は自分の本音や思いのみから出てきているものがほとんどであり、さらにそれを攻撃的な口調や態度で表してくるのである。保育者に対して攻撃的であることが多いが、ときにはわが子とトラブルになった子どもやその保護者に対しても攻撃的になることもある。保護者同士が携帯電話やメールでやりとりすることも多く、SNS等で保育者や園に対する不平不満を広げるといった現代ならではの様子もみられる。

「気になる保護者」とは、育児能力の未熟さがみられる、子どもよりも自分のことを優先する自己中心的な様子がみられる、精神的に不安定で極度な不安状態がみられる、日々の生活そのものが困難な状態にあるなどの保護者である。主に、子どもとの関係や子育てでみられる問題が気になる場合である。

2 —— 要望・抗議のとらえ方とその対応

(1) 要望や抗議の背景にあるものを見極めること

保護者からの要望や抗議の背景には、必ず保護者のなんらかの思いがある。その思いに目を向けずに、ただ要望や抗議として対応していると、「いつもなにか言ってくる」「何に対しても言ってくる」といったように決めつけてしまうだけで、なんの解決にもならない。

不安を抱えている場合やクレームをつけること自体を目的にしている場合、自分に注目してほしいという思いがある場合には、原因を追及したり、正論や理屈を言って説得したりしようとすると逆効果になる。まずは保護者の話をじっくり聞き、そのなかで怒りや敵意の背後にある思いを探ることが大切である。保護者が本当は何を求めているかを考えながら訴えに耳を傾け、そのうえで保護者が親として成長し、今抱えている問題を乗り越えていけるためにできることは何かを探っていくことが必要である。

ただし、重要なことは、どんな要望や抗議であってもすべてを保護者の主張するまま受け入れるのではなく、園として、担任としてこれだけはゆずれないというものについては、保育者の思いをしっかり保護者に伝えなければならない。また、保護者と担任の間だけで解決しようとせずに、主任や園長など複数の保育者で対応することも必要である。保育者も保護者との関係で悩むことは多く、それを一人で抱え込んでしまうことで問題が大きくなってしまうことになる。園内で保育者同士が悩みを相談しあえる体制がつくられていることが、保育者と保護者との関係づくりを進めていく土台になるのである。

(2) 保護者に何をどのように伝えるか

保護者にとって、子どもが園でどのような生活を送っているかは、常に気になるものである。入園当初は、特にほかの子と仲よく元気に遊べるかなど、わが子を預ける不安や戸惑いは大きい。それに対して、保育者は連絡帳やおたよりなどで子どもたちの様子を保護者に伝えているつもりでも、保護者にとっては園での子どもの様子はわからないことが多い。保護者は、そのような知らないこと、わからないこと、見えてこないことに不安や疑問を抱くものである。

保育者による連絡を見ると、「～をした」という事実だけを伝え、その活動にどのようなねらいがあるのか、保育のなかでなぜ重要なのか、子どもの発達においてどんな意味があるのかなど、わかりやすく述べられていないことが多い。おたより、クラス懇談会、保育参観などを利用して、園の保育方針、保育計画、日々の保育活動、子どもへの具体的な働きかけなどについて、なぜそれが大切なのかという理由を含めて保護者に伝えていくことが必要である。たとえ最初は誤解があったり疑問をもたれたりしていても、子どもが成長し、変わっていく姿を見れば、保護者も変わっていくものである。

また、かみつきなどの保育のなかで起こる子ども同士の問題についても、きちんと保護者に伝えていくことが大切となる。たとえば、「かみつきは１歳ごろによく見られるが、それは子どもの思いの表れであること」や「子ども同士のケンカは互いの思いのぶつかりあいであり、ケンカを通して相手の気持ちを考えるようになるなど人間関係の基礎がつくられていくこと」など、それぞれの出来事が子どもの発達にどのような意味があるのかを保護者に伝えていかなければならない。個別的に伝えるとともに、おたよりやクラス懇談会などで取り上げ、多くの保護者が情報を共有することで、一人ひとりの子どもの育ちをみんなで考えていけるようにすることも大切である。

(3) 信頼関係に基づいた対応

保育者と保護者の信頼関係が構築されているときには、保護者からの要望や抗議に対してことばの一つひとつに気を遣い、どう伝えたらよいかと対応に悩むことは少ないだろう。なんでも言いあえる関係のなかで、子どものためのよりよい保育をめざしての要望や抗議であることが、保育者と保護者の間で了承されているからである。

しかし、信頼関係があることが、場合によっては保育者と保護者との関係に甘えをもたらし、なれあいの関係をつくってしまうこともある。お互いに気になることがあっても「まあ、いいか」と流してしまい、信頼関係があることがかえってよりよい保育をめざすことを阻害することになる。本当の信頼関係とは、仲がよいということではなく、相手にとって厳しいことでも言いにくいことでも、子どものため保育のためにきちんと伝え、お互いに要求しあえる関係でなければならない。

第３節 ●「親育ち」のための発達支援

1 —— 子育て支援における「親育ち」の視点

(1) わが国における子育て支援の歴史

わが国における子育て支援は、1994（平成６）年の「エンゼルプラン」[※1]以降、現在に至るまでさまざまな施策によって進められてきた。当初の子育て支援策は、出生率の向上を目的とする少子化対策として、仕事と子育ての両立支援の観点から保育サービスに関する施策を中心に充実が図られた。その後、2000年代に入ると、次世代を担う子どもを育成する家庭を社会全体で支援するという観点から、働き方の改革や子どもの成長に応じた年齢進行ごとの子育て支援策など、より総合的な子育て支援策が打ち出されていった。

※１　エンゼルプラン
仕事と子育ての両立支援など、子どもを生み育てやすい環境づくりを目的とした施策である。2003（平成15）年にはより総合的な取り組みを目指して、「少子化社会対策基本法」「次世代育成支援対策推進法」が策定された。その後、2012（平成24）年に成立した「子ども・子育て関連３法」に基づく制度として、2015（平成27）年「子ども・子育て支援新制度」が施行された。

近年では、2015（平成27）年「子ども・子育て支援新制度」のもと、保育所・幼稚園・認定こども園の財政措置の一本化や地域・子育て支援事業の充実、幼児教育の無償化などが進められている。今後の取り組みとして、「希望出生率1.8」の実現に向けた総合的な対策、具体的には結婚支援、妊娠支援、男女ともに仕事と子育てを両立できる環境の整備、地域・社会による子育て支援、多子世帯への支援を含む経済的支援など、ライフステージに応じた対策が目指されている。さらに、2020年５月に策定された「少子化対策大綱〜新しい令和の時代にふさわしい少子化対策へ〜」※2では、少子化対策においていっそうの努力を図り、新しい時代にふさわしい取り組みを総合的に進めていくことが示された。

※２　本大綱では基本的な考え方として、「結婚・子育て世代が将来にわたる展望を描ける環境をつくる」・「多様化する子育て家庭の様々なニーズに応える」・「地域の実情に応じたきめ細やかな取組を進める」・「結婚・妊娠・出産、子供・子育てに温かい社会をつくる」・「科学技術の成果など新たなリソースを積極的に活用する」ことがあげられている。

子育てに関する悩みや不安、ストレスを抱える親が現代になって現れてきたわけではなく、いつの時代であっても親はさまざまな悩みを抱えながら子育てしていたはずである。ただし、かつての社会では、子育ては本来、各家庭において親がそれぞれの価値観のもとで行うものと考えられており、なにか問題が生じても親あるいは家庭のなかで解決することが前提とされていた。つまり、子育てとは家庭の私事であって、公的に社会で取り扱うものとはみなされていなかったのである。それが核家族化や地域社会とのつながりの薄さ、子育て経験の不足、母親の家庭内での孤立など社会の変化に伴って、もはや親や家庭だけで子育てすることが困難な状況になっていった。こうして、親や家庭にのみ課せられてきた子育てを、社会全体が責任を負う方向へ転換していくことになったのである。これを「子育て（保育）の社会化」という。

なによりも子育てを困難なものにしてきた要因は、子育てのすべてを家庭内に押し込めてきたことにある。確かに、子どもはそれぞれの親や家庭においてかけがえのない大切な存在であるが、同時に子どもはその地域、そして国の将来を担う「宝」である。したがって、今では子どもにかかわるすべてのことは、家庭だけでなく社会全体で担っていかなければならないと認識されている。子育て支援において地域社会がもつ人的資源、物的資源などを最大限に活用し、家庭とともに子育てしていくことが重要となるのはこの点においてである。現在では、地域子育て支援センターをはじめとするさまざまな機関や施設が設置されているが、保育所、幼稚園、認定こども園もまた子育て支援にかかわる地域の重要な資源なのである。

(2)　子育て支援の目的としての「親育ち」

しかし、子育て支援に対しては、「親を甘やかすだけではないか」「かえって問題を助長させるのではないか」といった意見や疑問がみられる。その背景には、現在の支援に対して子どもと保護者が家庭と切り離されて行われているという印象があるからではないだろうか。たとえば、夜間保育、延長保育など時間延長型保育サービスの充実、保育所における低年齢児受け入れ枠の拡大などの支援は、親子で過ごす時間を減少させる、子育てを人任せにして親としての責任を果たさないようになると考える人もいるのである。

では、子育て支援とは子どものための支援なのだろうか、それとも親のための支援なのだろうか。ここで考えなければならないことは、子どもが豊かで健やかに育つ権利の保障と、そのために必要となる家庭が豊かに子どもを育てる権利の保障である。親自身がゆとりをもち、安定した気持ちでいることが子育てへのゆとりや安定をもたらすということを考えると、子育て支援は子育て・親育ての支援でなければならない。

親には「児童の養育及び発達についての第一義的な責任」(「子どもの権利条約」第18条) がある。その責任を果たすためには、地域にある機関、施設、人材といった社会資源を活用し、それらに支えられながら子育てのなかで親が親として育ち、子どもを豊かに育てることができるような「親育ち」が重要なのである。

2 —— 現代における「親育ち」の重要性とその支援

(1) 親として育つということ

一般的に、夫婦の間に子どもが生まれると、その夫婦は父親、母親になる。この段階での父親、母親は、子どもをもったという点で「親である」といえるが、「親である」こと＝子育てを十分に完璧にできるということではない。親とは「親である」のではなく、「親になっていく」存在である。つまり、子どもが１歳であれば、親は親として１歳なのである。親は子どもの発達に寄り添い、子どもとの関係のなかでつらいこと、苦しいことを乗り越えながら親として育っていくのである。

しかし、社会のなかには、親であれば子育てができて当たり前という認識があり、虐待する親、子どもの愛し方がわからない親、ストレスや不安から精神的な問題を抱える親に対し、親として失格であるかのように見る傾向がある。子育てに関して不安や悩みを抱える親は多く、むしろ多くの親がそうした不安や悩みを抱えながら子育てをしている。それは親になっていく過程で当たり前のように見られるもので、けっして特別なことではない。まずは親自身も含め、社会全体が親とは親として育っていくものであるという認識をもつことが大切である。

しかし、現代社会においては「親になる」こと自体が難しい状況になっている。かつての社会では、子育てに関するある程度の知識や技術は、親になるまでに多少なりとも経験したものであり、子育て中でも身近な親族や地域のお年寄りに教わっていたものである。たとえば、きょうだいや親せき、近所の子どものおむつを替える、子守りをするなどの世話を通して子育て経験をしていた。それが、少子化によるきょうだい数の減少や地域の同年齢・異年齢の子どもの減少によって子育て経験が少なくなり、また核家族化によって、祖父母の世代と生活することが少なくなったために、子育ての知識や技術が伝承されにくくなったのである。その結果、ささいな不安や悩みは、昔であればそれほど大きな問題にならなかったが、現在では大きな問題にまで発展する状況になっていると考えられる。

このような「親になる」ための土台ともいうべき育児行動を学ぶ機会やつながりが減少したことに加え、今日の子育ての困難な状況によって、親が親として育つことの難しい時代になっているのである。

(2)　今後求められる「親育ち」のための支援

では、「親育ち」のために求められる支援とはどんなものだろうか。親が親として育っていくときに重要なことは、子どもとの関係のなかで親自身の子育ての力が育成されていくことである。そのためには、親が子育てのなかで不安やストレスを増大させることなく、それらを軽減し、解消させながら子育ての意欲を高めていくこと、子育てに関する情報を提供することなどの支援が必要である。これらは親の子育ての力を支える支援として重要なものであるが、さらに必要となるものが、親の子育ての力そのものを育成するような支援である。ここでいう子育ての力とは、単なる知識、技術、意欲などをもっているということではなく、それらを子育てのなかで生かしていくことのできる力である。養育者としての主体性をもち、子どもへの愛情を注ぎながら子育てしていくことができるような支援が必要なのである。

こうした支援の方策の一つとしてあげられるのが、親が自分の子育てを客観視できる機会をもつことである。たとえば、保育所や幼稚園、認定こども園で子どもが夢中になって遊んでいる姿を観察したり、保育者の子どもへのかかわり方を見たり、ほかの子どもと遊んでみたりすることなどである。このように、親自身が園で保育を体験するような機会を通して、子どもの見方や接し方など自分の子育てを振り返って考えることができ、子育てのなかに生かしていくことができるようになるのである。この点から、保育所や幼稚園、認定こども園は「親育ち」にとって重要な役割を担っているといえる。たとえば、行事や保育参観は、ただ子どもの様子を親に見せるためだけのものではなく、親に保育を体験させるという要素を含んでいるという認識をもち、園として親が少しでも多く保育に参加できる機会をつくっていくことが求められるだろう。

参考文献

1） 浦島美津代「ひとりひとりの親にとって楽しく意義のある父母の会活動にするために」九州保育団体合同研究集会編『第36回九州保育団体合同研究集会提案集』2005年
2） 亀谷和史編著『現代保育と子育て支援　保育学入門』八千代出版　2005年
3）全国保育団体連絡会・保育研究所編『保育白書 2019』ひとなる書房　2019年
4） 寺井明日香「学習・楽集～みんなで集まって、楽しく学びあいましょう」九州保育団体合同研究集会編『第37回九州保育団体合同研究集会提案集』2006年
5） 菱谷信子・大元千種ほか「保育者と親との関係づくりに関する研究その３――保育者と親との関係づくりに関する調査より」日本保育学会編『日本保育学会第60回大会発表論文集』2007年
6） 丸山美和子『子どもの発達と子育て・子育て支援』かもがわ出版　2003年
7） 宮里六郎『「荒れる子」「キレル子」と保育・子育て――乳幼児期の育ちと大人のかかわり』かもがわ出版　2001年
8） 村井美紀『気になる子・気になる親――父母と保育者の共育てのために』大月書店　1998年
9） 森上史朗・岸井慶子編『保育者論の探求２』ミネルヴァ書房　2001年

●○● コラム ●○●

親が育つ保護者会の活動

多くの保育所、幼稚園、認定こども園には、保護者によって組織された保護者会がある。園によって組織形態や活動内容は異なるが、多くの場合、保護者によって組織された役員を中心に、夏祭り、バザー、子育てに関する学習会など、子どもや保護者のための活動を企画し、実施している。また、保護者の代表として園へ要望しながらも、よりよい保育をめざして園や保育者と連携して活動を進めていく。現在の状況を見ると、保護者会の活動が充実している園もあれば、形だけのものになっている園もある。ここで、ある園における保護者会の活動を取り上げてみたい。

保護者会の目的は、会則のなかで以下のように掲げられている。「子育てのことにとどまらず、仕事のこと、生活のこと……とさまざまな悩みや不安の中で、私たちは過ごしています。もし、そんな悩みや不安を抱えたまま、たった一人で子育てをしていかなければならないとしたら、これほどさびしくつらいことはありません。お互い同じような悩みや不安をもつ親同士。ひとりでがんばるのではなく、クラスの中で、また、クラスを越えて語り合い、助け合い、つながり合って、共に子育てをしていきましょう（共育て）。そして子どもと共に私たち親も、親として育っていきましょう（共育ち）」。

この目的には、なにより保護者同士が手をつなぎ合って、保育について、子育てについて考えていこうという思いが込められている。この園では、先の目的のもとに、活発な保護者会活動を展開している。もちろん、活動を進めるなかでぶつかりあうこともあり問題も多いが、保護者会の活動を通して親として、人間として得ることも多いという。人と人との関係をつくることの難しい社会だからこそ、親同士の関係をつくり、その関係のなかで親として育っていける場として、保護者会の活動の意義を見直す必要があるのではないだろうか。

第4章 発達障害や気になる子どもとその保護者へのかかわり

◆キーポイント◆

2007（平成19）年より「特別支援教育」が実施され、10年以上が経過している。しかし、幼小中高等学校等においては、発達障害や気になる子どもへの対応がいぜんとして喫緊の課題として認識されている。これらの子どもに対しては早期からの支援が有効とされており、幼児期の支援のあり方もさまざまに議論されている。そこで、第1節では、発達障害や気になる子どもは幼児期にどのような特徴を示すのかについて、背景要因とあわせて述べるとともに、基本的な対応を概説する。

また、特別な配慮を要する発達障害や気になる子どもを養育する保護者は、子育ての不安がよりいっそう高まる。そのため、発達障害や気になる子どもへの支援と同時に、保護者の抱える問題にも真摯（しんし）に取り組むことが求められる。第2節では、発達障害や気になる子どもを養育する保護者が直面するさまざまな問題について考え、保育者が保護者を支援するにあたって留意すべきことを解説する。

第1節 ● 発達障害や気になる子どもとは

1 —— はじめに

スキップや手遊びが上手にできない子、着衣や食事に時間のかかる子、全体への指示では理解が難しく個別に対応しないと行動に移せない子、自分の考えや気持ちをことばで表すことが難しい子、折り紙を折ったり、絵を描いたりすることが苦手な子、友達と一緒に遊ぶことが難しい子……。

このような、よく見かける子どものなかには、経過をていねいに見ていく必要のある子どもがいる。幼児期は、さまざまな能力が大きく発達する段階であり、昨日までできていなかったことが、急にできるようになったりと変化が大きい時期でもある。したがって、上記のような様子が見られたからといって過敏になる必要はないが、こうした特徴をていねいに見ていくことにより、就学後に起こり得るさまざまな問題を防ぐことにもつながる。だからこそ、幼児教育や保育の場といった早期の段階での発達障害や気になる子どもへの気づきや適切な対応が非常に重要になる。

2 —— 小学校以降で生じている喫緊の課題

就学後の子どもは、学習や生活面において、独力で課題をこなしていくことがよりいっそう求められる。そのなかで、気になる子どもや発達障害のある子どもなど、特別な支援を必要とする子どものつまずきが顕著になり、いかに適切な対応を行うかが課題として生じてくる。

これらの子どものなかには、知的発達に遅れがないにもかかわらず、ある特定の学習だけが著しく落ち込んでいたり、行動面で落ち着いていられず注意集中しづらかったり、こだわりが強くほかの子と同じように行動するのが難しかったり、人とのコミュニケーションに苦手意識をもったりなどの特徴がみられることがある。大半は通常の学級に在籍しているため、集団のなかで教師一人が対応することになり、教師もその子どもも、また周囲の子どもにとっても、ときに困難な状況が生じやすい。

3 —— 特殊教育から特別支援教育へ

日本では、従来から視覚障害や聴覚障害、肢体不自由、病弱・虚弱、知的障害、言語障害、情緒障害等が公教育において支援の対象となってきたが、これらの障害に加え、「LD（学習障害）、ADHD（注意欠陥多動性障害）、高機能自閉症等、通常の学級に在籍しながら特別な配慮が必要な子ども」が支援の対象となった[※1]。これは「特別支援教育」へと変換した大きな要因でもある。ちなみに特別支援教育は、次のように定義されている。

「特別支援教育とは、従来の特殊教育の対象の障害だけでなく、LD、ADHD、高機能自閉症を含めて障害のある児童生徒の自立や社会参加に向けて、その一人一人の教育的ニーズを把握して、その持てる力を高め、生活や学習上の困難を改善又は克服するために、適切な教育や指導を通じて必要な支援を行うものである」[1)]

これまでの「特殊教育」では、特別な支援を受けるとは、その子どもが有する障害の程度などに応じ、特別な場所（学校や学級）において行われることを意味していた。それが新たに定義された「特別支援教育」では、障害の程度という観点よりも、子どもがもつニーズに目を向け、適切な支援を行っていこうという方向に転換している。

※1　LD（学習障害）、ADHD（注意欠陥多動性障害）、高機能自閉症等の名称は、教育や医学などそれぞれの分野において用いる呼称が異なることがある。前述の呼称は、文部科学省で用いられているものである。現在、日本において参考にされているアメリカ精神医学会の診断分類であるDSM-5（「精神疾患の診断・統計マニュアル［第５版］」）では、SLD（限局性学習症）、AD/HD（注意欠如・多動症）、ASD（自閉スペクトラム症）という診断名が用いられている。

4 —— 発達障害のような特徴を示す高機能自閉症等の子どもはどれくらいいるのか

2012（平成24）年に、文部科学省は、全国を対象に「通常の学級に在籍する発達障害の可能性のある特別な教育的支援を必要とする児童生徒に関する調査」を行った。この調査は、2002（平成14）年に実施された調査から10年が経過したのを受けて行われたものである。調査では、「学習面（「聞く」「話す」「読む」「書く」「計算する」「推論する」）」「行動面（「不注意」「多動性—衝動性」）」「行動面（「対人関係やこだわりなど」）」に関する項目からなっている。

調査の対象は、通常の学級に在籍する小学１年生から中学３年生までの児童生徒約５万4,000人であった。その結果、知的発達に遅れはないものの、学習面や行動面で著しい困難があると担任が回答した児童生徒の割合は、6.5%であった[※2]。具体的には、「学習面」で著しい困難を示すと担任が回答したのが4.5%、「不注意」または「多動性—衝動性」の問題を著しく示すとしたのは3.1%、「対人関係やこだわり等」の問題を著しく示すとされたのが1.1%であった。これらの数値には、１つの領域にのみ困難がある場合と、複数領域にわたって困難を有する場合とが含まれていた。通常の学級にたとえて想像すると、40人学級でいえば２～３名、30人学級では１～２名の子どもが、学習面や行動面で著しい困難を示している可能性があることになる。つまり、いずれのクラスにおいても、特別な支援を必要としている子どもが在籍しているという結果であった。

※２　質問項目については、次項５「発達障害や気になる子どもにみられる特徴」を参照。

5 —— 発達障害や気になる子どもに見られる特徴

ここで、発達障害と気になる子どもについて整理してみよう。アメリカ精神医学会の診断分類であるDSM-５（「精神疾患の診断・統計マニュアル［第５版］」）では、神経発達症群（神経発達障害群）という大カテゴリーが新設され、日常生活、社会生活、学業、職業上における機能障害を引き起こす発達の問題が発達期に出現するものと説明されている。一方、気になる子どもとは、診断までは至っていないが、なんらかの支援を必要とする子、その後の経過をていねいに見守る必要のある子である。幼児教育や保育の場において求められるのは、診断機能ではなく、「特別な支援が必要なのではないか」という気づきと、それにともなった適切な対応である。加えて、それでも十分でないときには、「専門的な見立てが必要ではないか」といった判断と保護者との十分な相談を経ながら、他機関と連携していく機能である。

表４－１　特別な支援を必要としている子どもに見られるサイン

【「聞く」「話す」等の学習面に関する領域】
・聞き間違いがある（「知った」を「行った」と聞き間違える）
・聞きもらしがある
・個別に言われると聞き取れるが、集団場面では難しい
・指示の理解が難しい
・話しあいが難しい（話しあいの流れが理解できず、ついていけない）
・適切な速さで話すことが難しい（たどたどしく話す。とても早口である）
・ことばにつまったりする
・単語を羅列したり、短い文で内容的に乏しい話をしたりする
・思いつくままに話すなど、筋道の通った話をするのが難しい
・内容をわかりやすく伝えることが難しい

【「不注意」「多動性ー衝動性」等の行動面に関する領域】
・手足をそわそわ動かしたり、着席していても、もじもじしたりする
・課題や遊びの活動で注意を集中し続けることが難しい
・座っているべきときに席をはなれてしまう
・面と向かって話しかけられているのに、聞いていないようにみえる
・きちんとしていなければならないときに、過度に走り回ったりよじ登ったりする
・過度にしゃべる
・気が散りやすい
・順番を待つのが難しい
・日々の活動で忘れっぽい
・他の人がしていることをさえぎったり、じゃましたりする

【「対人関係やこだわり等」の社会性に関する領域】
・他の子どもは興味をもたないようなことに興味があり、「自分だけの知識世界」をもっている
・会話の仕方が形式的であり、抑揚なく話したり、間合いがとれなかったりすることがある
・いろいろなことを話すが、そのときの場面や相手の感情や立場を理解しない
・独特な目つきをすることがある
・友達のそばにはいるが、一人で遊んでいる
・動作やジェスチャーが不器用で、ぎこちないことがある
・ある行動や考えに強くこだわることによって、簡単な日常の活動ができなくなることがある
・自分なりの独特な日課や手順があり、変更や変化を嫌がる
・特定の物に執着がある
・独特な姿勢をしていることがある

そこで、先の全国調査で用いられた項目のなかから、幼児期においても見られやすい、経過をていねいに見守る必要のあるサインの一部を表４－１にあげた。

各々の領域に集中して特徴が見られる場合もあれば、３つの領域にわたって特徴が見られる場合もあろう。注意したいのは、これらのサインが１つ２つ見られたからといって、すぐに発達障害が疑われるというものではない。ただ、こうした特徴が見られる場合には、特にていねいにその子どもの経過をとらえ、対応策を講じることが求められる。

6 —— 発達障害の子どもの背景要因

(1) LD（学習障害）／SLD（限局性学習症）とは

DSM-５によると、学習面でのつまずきに対して指導・支援がなされているにもかかわらず、「不正確な読み、時間がかかる読み方、苦労して読む」「読んだことの意味が取れない」「つづりが覚えられない」「文章を書くことが苦手」「数感覚、数的事実、計算などの習得が困難」「数学的推論が苦手」といったつまずきが継続して見られる状態を、LD（学習障害）またはSLD（限局性学習症）としている。

本格的な学習が開始されるのは小学校に入ってからであるため、LD（またはSLD）は幼児期には気づかれにくく、正確な判断がなされるのは就学を待ってからということも多い。この背景には、認知（情報処理）過程、つまり、情報を「受けとめ、整理し、関係づけ、表出する過程」のどこかに十分機能しないところがあることが推定されている。このような認知過程の部分的な障害であるため、学習面での得手・不得手の差が大きく、また各々現れる状態像が一様でないゆえ気づかれにくい。その結果、対応が十分になされなかったり、ともすると「本人ががんばっていないからだ」といった本来の原因でないところに帰結されてしまったりすることさえある。こうした周囲の認識不足や対応のまずさ（叱責やたび重なる失敗経験）により、自信を失ってしまったり、やる気が低下してしまったり、ひいては不登校になってしまったりなどの二次的な障害を起こす可能性もあり問題となっている。

幼児期においても、表４－１の「聞く」「話す」などの学習面に関する領域でのつまずきのほかにも、絵本や生活のなかにある文字に興味を示さない、手先や体全体を使っての運動が非常に苦手などの特徴がみられた際には、その後をていねいに見ていく必要がある。こうした早期の気づきと対応によって、二次的な障害を防ぐことにもつながる。

(2) AD／HD（注意欠陥多動性障害／注意欠如・多動症）とは

DSM-５によると、不注意、過活動と落ち着きのなさ、衝動抑制の困難さと自己抑制能力の低下の３つの特徴が組み合わさって現れる状態をAD／HD（注意欠陥多動性障害／注意欠如・多動症）としている。このような症状は広汎にわたり、日常生活において個々の能力の発揮を妨げる（学業不振や人間関係、自尊心の低下など）。DSM-５では、ASD（自閉スペクトラム症）との合併が認められた。

原因としては遺伝的要因が大きいが、中枢神経系の障害、有害物質に対する暴露（胎児性アルコール症候群や鉛中毒）、低出生体重など、胎児期及び出産後の環境的因子も重要な役割を示していると医学的には説明されている[2)]。

心理学的には、セルフコントロールの問題、自分がとるべき行動を計画し、過去の経験を現在または未来に活かす視点をもちながら行動することの難しさにあると言われている。たとえば、なにかが起こった場合に、立ち止まって考えることや、自分にとって不愉快な状況から逃げ出したいという気持ちを抑制することなどの困難である。また、AD／HDのある子どもは、すぐに結果を求める傾向が強いため、先にあるより高い目標をめざして、コツコツと小さな結果（努力）を積み重ねていくことが難しい。過去の経験を活かしながら「以前こうだったから、今度はこうしてみよう」というように、結果を予測することが困難な場合がある。ただし、状況に合わせて、どう行動すべきかは理解していることも少なくない。つまり、「わかっているけれど、できない（やめられない）」状況なのだ。落ち着けば、自分のしたことをふり返り、どうすべきだったか言うこともできる。こうした自分がもっている知識と、実際にふるまってしまう行動との間に大きなギャップが存在するため、本人をも苦しめてしまうことになる。

学齢期には落ち着きのなさや攻撃性が目立つが、年齢が高くなると注意力の欠如が目立ってくることが多い。

(3) ASD（自閉スペクトラム症）とは

DSM-５によると、社会的コミュニケーションおよび対人的相互反応における困難さを持続的にもつ状態をASD（自閉スペクトラム症）としている。具体的には、「対人的―情緒的関係の困難さ（適切な距離感の不足や会話のやり取りの難しさ、共感性の乏しさなど）」「対人的相互反応で非言語的コミュニケーション行動を用いることの困難さ（視線を合わせることや、表情の乏しさなど）」「人間関係の発展や維持に関することの困難さ（想像上の遊びを他者と一緒にしたり、友人をつくったりすることの困難さなど）」である。

もう一つ、診断のために必要な条件として、行動、興味、または活動の限定された反復的な様式があげられる。具体的には「常同的または反復的な身体の運動、物の使用、会話」「同一性への固執、儀式的な行動様式（小さな変化に対する抵抗､儀式のような習慣など）」「きわめて限定された興味」「感覚刺激に対する過敏さまたは鈍感さ」がある。

原因としては、AD／HDと同様に、遺伝的要因が大きいとされるが、胎内環境や周産期の問題なども関係している可能性があることが指摘されている[3)]。

7 ―― 発達障害や気になる子どもへの支援

特別なニーズのあるこれらの子どもへは、どのような対応が求められるか。ここでは、子どもに対しての配慮点に限ってあげてみたい。

- 話をする際は、短いことばで、ゆっくり、はっきり、繰り返し話す。ことばの理解が難しい子どもに有効である。
- 集団生活やゲームなどのルールは、視覚的に示したり、モデルを示したりなど、わかりやすく提示する。ことばだけの説明では難しい子や、注意がそれてしまう子に効果的である。
- ことば遊び（しりとり、なぞなぞなど）や読み聞かせを積極的に取り入れる。こうした遊びは、後の読み能力の育成に影響する可能性がある。
- 日常的な流れ（ルーティン）を決め、毎日やるべきことをはっきりさせておき､不用意な変更は行わない。特に､ASD（自閉スペクトラム症）傾向のある子にとっては、私たちが想像する以上にルーティンの変更に対して不安やストレスを感じやすい。安心して過ごせるよう配慮し、やむを得ず変更を伴う際は（例：冬服から夏服への衣替えなど)、数日前から、本人に話し、家庭と連携しながら十分に準備ができるようにしておく。
- 子どものペースを大切にする。時折、どこか一人でいられる場所を探す子、運動会の遊技を嫌がる子などのなかには、始終集団のなかにいることにストレスを感じやすかったり、大きな音など感覚に過敏だったりする子がいる。この場合、単にわがままといった理由では片づけられないため、無理に強いることなく、子どもの（困った、困惑した）気持ちに寄り添いながら、安心して過ごせるよう、配慮することが重要である。

● 友だちと遊びたくても、加わることが苦手な子には、（入り方の）モデルを見せたり、仲介したりする。友だちとの遊びに興味を抱いていないような子の場合には、無理のない範囲で（たとえ平行遊びになったとしても）、仲間と近い空間にいることに慣れるようにする。
● なにか困ったときに、子ども自身が支援を求め、他者からの支援を受け入れることができるようにしておく。支援を受けることに慣れていない子どもにとっては、年齢を経た後、いざ支援を受けようとしても、どう伝えていいかわからなかったり、他者による支援に対して自分自身の気持ちに折り合いがつかず、受け入れられなかったりすることがある。後の人生を見据え、支援を受ける力をつけておくことも重要である。
● まわりの子と比べるとやり遂げるのに２倍、３倍の時間がかかったり、毎日、なんらかの問題を起こしてしまったり……。しかし一方で、昨日までできていなかったことができるようになっていたり、友だちにやさしいことばをかけられたりなど、その子が輝く場面も必ず見られる。そうした子どもの変化やエピソードを大切にし、子どもとともに喜び合う。賞賛は、次の（評価できる）行動へのエネルギーとなり、「次もがんばろう」「自分ってすごいな」など、子どもが自己肯定感・有能感を高めることへもつながっていく。

8 ―― 発達障害者支援法にみる発達障害と早期支援の重要性

日本においては、2004（平成16）年に発達障害者支援法が公布され、2005（平成17）年から施行された。その後、2016（平成28）年に改正発達障害者支援法が公布され、施行されている。

この法律において、「発達障害」とは、「自閉症、アスペルガー症候群、その他の広汎性発達障害、学習障害、注意欠陥多動性障害その他これに類する脳機能の障害であってその症状が通常低年齢において発現するものとして政令で定めるものをいう」としている。

さらに、改正発達障害者支援法の定義で新たに加わった内容として、「発達障害者」とは、「発達障害がある者であって発達障害及び社会的障壁により日常生活又は社会生活に制限を受けるものをいう」としている。この法律における「社会的障壁」とは、「発達障害がある者にとって日常生活または社会生活を営むうえで障壁となるような社会における事物、制度、慣行、観念その他一切のものをいう」とし、発達障害の定義にあっては、環境との相互作用という点が重視されているのがわかる。つまり、適切な対応を行い、環境を整えることによって、たとえ発達障害の素因はあったにせよ、その困難さを重篤に至らしめないことができるということである。

また、改正発達障害者支援法では、「発達障害の症状の発現後できるだけ早期に発達支援を行うとともに、切れ目なく発達障害者の支援を行うことが特に重要である」ことも指摘されている点に注目したい。早期に子どものニーズに気づき、ていねいに対応していくことによって、発達障害や気になる子どもへもたらす効果は計りしれない。幼児期での支援の質が、その後の長い人生を、いかにスムーズに、楽しく、豊かにできるか、その鍵を握っていると言っても過言ではない[※3]。

※3　こちらの定義は、法律による支援の対象を限定するためのものであって、学術的な定義とは異なる点に留意されたい。

第2節 ● 発達障害や気になる子どもの保護者へのかかわり

1 ―― 障害の気づきにくさ、理解することの難しさ

幼児期の子どもが示す気になる行動は、個人差によるものなのか、それとも発達上の遅れに起因するものなのか、その見極めがとても難しい。それゆえ、保護者のなかには、「そのうち他の子に追いつくだろう」と現状を楽観視し、わが子の抱えている困難さを見過ごしてしまう（あるいは、認めようとしない）場合がある。その一方で、わが子に発達上の遅れがあると知りながらも、日々わが子への対応に苦慮することで、その原因は自分の子育てのあり方によるためではないかと自分自身を責め、追い打ちをかけるように周囲から「しつけがなっていない」「愛情が足りない」と指摘され、ますます追いつめられていく保護者もいる。

このような保護者を、「（わが子のことを）理解していない」とか「（わが子の示す行動を）過剰に意識しすぎだ」などと責めるだけでは、保護者のおかれている状況はまったく改善されない。こうした状況は、発達障害や気になる子どもにもよい影響を及ぼさない。

保護者が、発達障害の可能性が疑われるわが子について、すみやかに専門家に相談しない（できない）背景には、発達障害という障害の気づきにくさや子どもが示す症状を理解することの難しさがある。保育者は、発達障害や気になる子どもの保護者にかかわる際には、これらのことを念頭において対応しなければならない。

2 —— 保護者の障害受容の過程

(1) 障害告知から受容に至るまでの保護者の心情の変化

わが子に障害があると診断された保護者は、わが子の障害やわが子自身をどのように受け入れていくのであろうか。

わが子に障害があると診断された後、時間の経過とともに保護者がたどる心情をドローターら[8)]は、①ショック、②否認、③悲しみと怒り、④適応、⑤再起の５つの段階で示している（図４－１）。ドローターらのほかにも障害のある子どもを養育する保護者の障害受容の過程を示したモデルがいくつかあるが、障害の告知後、保護者は大きな衝撃を受け、さまざまな葛藤を経ながらわが子の障害に向き合っていこうとする流れは、いずれも共通している。

(2) 発達障害や気になる子どもの保護者の障害受容

発達障害や気になる子どもを養育する保護者においては、わが子の障害に気づき、障害の本質を理解することにいっそうの難しさがある。そのことをふまえると、ドローターらが対象とした出生直後に障害が明確になる先天性奇形の子どもの保護者と、障害が確定されるまでに時間を要する場合がある発達障害や気になる子どもの保護者とでは、異なった障害受容の過程をたどると考えられる。

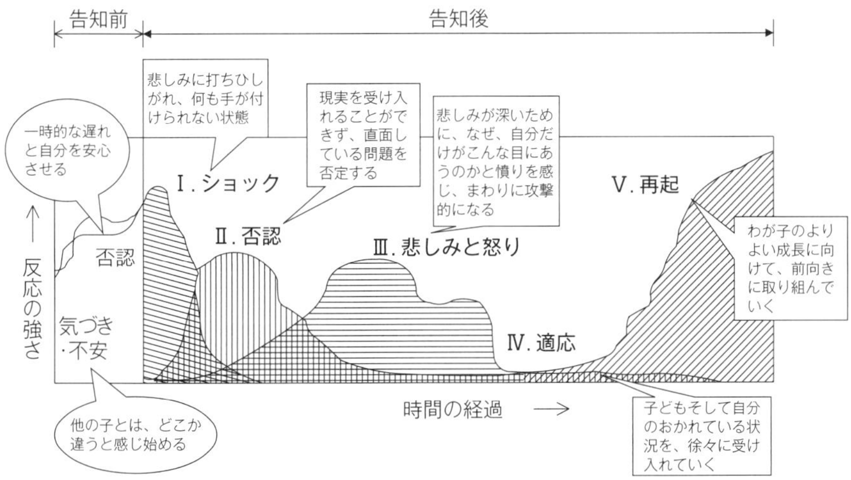

図４－１　発達障害等のある子どもの親の障害の受容過程

出典：Drotar, D. et al., The adaptation of parents to the birth of an infant with a congenital malformation : A hypothetical model, *Pediatrics*, 56（5）, 1975をもとに筆者作成

発達障害の特徴的な症状が顕在化するのは早くても１歳半ごろであり、知的発達の遅れを伴わない発達障害のある子どもの場合は、その時期がより後になる。保護者は集団での活動の機会が増えるにつれて、わが子の様子が「どこか他の子と違う」と薄々気づきはじめる。しかし、保護者は、心の片隅に生じたわずかな不安を「一時的なもの」「すぐに追いつく」などと言い聞かせ払拭（ふっしょく）しようとする。このように、発達障害や気になる子どもの保護者は、確定的な診断を受ける以前に自分なりの障害への気づきがあり、そのような気づきを打ち消そうとする。つまり、発達障害や気になる子どもの保護者のなかには、ドローターらが示す障害受容の過程の「ショック」の前段階において、「気づき」と「否認」がすでに経験されていることになる。その後、保護者は周囲（保育者や祖父母など）からわが子の発達上の遅れや行動上の問題を指摘され、専門機関に足を運ぶ。専門機関を訪問した保護者は医師から診断を受け、「やはりそうだったのか」とわが子が発達障害であるという現実と対峙（たいじ）することになる。

なお、ここで注意すべきことは、さまざまな事情（たとえば、夫や祖父母の理解が得られないなど）によって専門機関に相談することができない保護者が存在することである。この場合、保護者のおかれている状況や彼らの心情に配慮せず、専門機関への訪問や診断を受けるように強く促すことは、保護者にさらなる心理的な負荷をもたらすことになる。そのことで、保育者と保護者の信頼関係を壊してしまう恐れもある。

図４－１で示した保護者の障害受容の過程は、あくまでも発達障害や気になる子どもの保護者の心情を理解するための一つのモデルである。よって、保育者はそのモデルを参考にしながら、目の前の個々の保護者のおかれている状況や心情に配慮して、保護者を支えることが大切である。

3 —— 就学にかかわる問題

発達障害や気になる子どもを養育する保護者が、幼児期に抱えるもう１つの大きな課題は就学である。

発達障害や気になる子どもの就学先には、通常の学級、通級による指導、特別支援学級、特別支援学校がある。就学先の決定[※4]にあたっては、子どもの障害の状態等に応じて、子どもが可能性を最大限に発揮できる学びの場を選択することが重要である。子どもの状態や保護者の意向をふまえて、それぞれの学びの場でどのような教育活動が行われているのかなどの情報を提供し、保護者が子どもに適した就学先を決定できるように支援することが求め

※４　就学先の決定
2013（平成25）年の制度改正にともない、障害の状態、本人の教育的ニーズ、本人・保護者の意見、教育や医学などの専門的見地からの意見、学校や地域の状況などをふまえた総合的な観点から就学先を決定する仕組みに変わった。

られる。

また、保育所や幼稚園、認定こども園で取り組んできた発達障害や気になる子どもへの支援が途切れてしまわないように、保育者は相談支援ファイル[※5]や個別の教育支援計画[※6]を活用して、就学先に子どもの成長記録や配慮事項などに関する情報を伝えることが必要である。相談支援ファイルや個別の教育支援計画は、情報共有と継続的な支援のためのツールとして有効である。

発達障害や気になる子どもの就学先への円滑な接続のためには、保護者、保育所や幼稚園、認定こども園とその他の関連する機関との連携が不可欠である。

※５　相談支援ファイル
特別な配慮を要する子どもの成長や支援の記録をファイルし、教育、福祉、医療、保健、労働等の各機関が情報を共有することで、一貫性のある教育や途切れのない支援を受けられることを目的に作成される。

※６　個別の教育支援計画
他機関との連携を図るための長期的な視点に立った計画。個々の障害のある子どもについて、乳幼児期から学校卒業後までの一貫した長期的な計画を学校が中心となって作成する。作成にあたっては関係機関が連携すること、また、保護者の参画や意見等を聴くことが求められる。

4 ―― 保護者へのかかわりにおいて保育者が留意すべきこと

(1)　保護者の話に耳を傾け、気持ちに寄り添う

保育者のなかには、悩みを抱えている保護者から相談をもちかけられると、力になろうと意気込むあまり、解決策を見出そうと一生懸命になるかもしれない。このような保育者の熱意ある姿勢は大切ではあるが、時としてそれが保護者にとっては負担になることがある。

第２項の障害受容で述べたように、特に診断を受けて間もない保護者は、とても不安な状況におかれている。この時期の保護者は、とにかく不安な気持ちを誰かにじっくりと聞いてもらいたいという思いでいっぱいである。そのため、この時期にいくら助言や提案を行ったとしても、保護者にはそれを受け止める余裕がない。まずは、保護者の話にしっかりと耳を傾け、そこに込められている思い（真意）を汲み取り、寄り添うことが大切である。

(2)　支援方法や対応については、具体的で実行可能な助言を行う

保育者がいくら子どもにとって有益な支援方法の助言や提案をしたとしても、保護者がそれを実行できなければ意味がない。保護者自身によって実行可能であるか、実行するにあたって負担感はないかということを念頭におくことが大切である。

また、子どもへの支援方法や対応について保護者に助言を行う際には、子どもの実態に即して、何を、どのように進めていけばいいのか、保護者がわが子へのかかわり方をイメージできるように具体的に伝えることが必要である。この際、保育者が先導しすぎず、保護者の意向やアイディアを取り入れ

ながら一緒に考えることが、保護者との信頼関係を築くことになる。

(3) うまくいったことをフィードバックし、次の取り組みへとつなげる

発達障害や気になる子どもを養育する保護者は、周囲から非難や指摘を受けることは多いが、がんばったことやうまくいったことを認めてもらえる機会は少ない。そのため、保護者は、自分の子育てに自信をもちにくい。

発達障害や気になる子どもの行動や状態に改善や成長が認められたならば、それがささいなことであっても保育者はそのことを保護者に伝え、なぜ子どもがよい方向へ変化したのか、それには保護者や保育者のどのような対応が功を奏したのか、うまくいった理由を保護者にフィードバックすることが大切である。これは、保護者が前向きにわが子とかかわる動機づけになり、自身の子育てに自信をもつことにつながる。

(4) 同じ立場にある仲間との出会い・つながり

同じく発達障害や気になる子どもを養育している（先輩）保護者と出会える機会を提供することは、保護者が一人で悩みや問題を抱え込むことを防いだり、不安な気持ちを和らげたりするうえで有効である。

同じ立場の仲間と出会える場としては、地域の親の会や特別支援学校などが主催している就学前の親子教室がある。また、近年は、「ペアレント・メンター」※7による相談活動が行われている。

保護者が安心して悩みを打ち明けられる場を紹介し、同じ立場の仲間とのネットワークを築いていける機会を提供することは、保護者の「自分だけがこんなにもつらい思いをしている」といった孤独感を緩和する。関係機関と連携して、日常的に地域の支援資源に関する情報を収集しておくことが大切である。

※7　ペアレント・メンター
障害のある子どもの子育てを経験している保護者が、診断を受けたばかりの保護者からの相談に応じる「親による親への支援」。2005（平成17）年にペアレント・メンター養成事業が開始され、現在、各地域でペアレント・メンターによる相談活動が行われている。

(5) 理解者や協力者をふやす

同じ立場の保護者とのつながりとともに、保育所や幼稚園、認定子ども園に在園する子どもの周囲の保護者との関係づくりと発達障害や気になる子どもについての理解の啓発も大切である。保育者は、発達障害や気になる子どもの行動の意味や必要な配慮について周囲の保護者に説明を行うことで、理解や協力を得られるように努めたい。

ただし、周囲の保護者への説明にあたっては、次の点に留意しなければならない。1つは、支援を必要としているのは、発達障害や気になる子どもだけではないという意識をもつことである。発達障害や気になる子どもへの支

援の必要性ばかりを強調すると、周囲の保護者から不満や誤解を生じさせてしまう恐れがある。園内すべての子どもの育ちを支援するという前提のもと、発達障害や気になる子どもが周囲の子どもたちとともに育ちあうためには特別な配慮が必要であることを伝え、周囲の保護者の理解と協力を得ることが重要である。

２つめは、園内で発達障害や気になる子どもについての説明を行う場合、そのタイミングや伝える内容について保護者とよく話し合い、合意のもとで行うことである。保護者の思いを尊重せずに、一方的に進めることは適切ではない。また、説明後の周囲の保護者の反応や、発達障害や気になる子どもの保護者の状況によっては、フォローも必要である。一度の説明ではなかなか理解してもらえないことがあるため、機会をとらえて継続的に周囲の保護者の理解を促していきたい。

引用文献・参考文献

1）　文部科学省「今後の特別支援教育の在り方について（最終報告）」2003年
2）　日本LD学会編『日本LD学会LD・ADHD等関連用語集［第４版］』2017年
3）　厚生労働省「生活習慣病予防のための健康情報サイト」（2020年８月31日確認）
4）　海津亜希子「特別支援教育の流れと幼児教育」『幼稚園じほう』2006年
5）　文部科学省「特別支援教育の推進について（通知）」2007年
6）　文部科学省「通常の学級に在籍する発達障害の可能性のある特別な教育的支援を必要とする児童生徒に関する調査結果について」2012年
7）　日本精神神経学会『DSM-５　精神疾患の分類と診断の手引き』医学書院　2014年
8）　Drotar, D., Baskiewicz, A., Irvin, N., Kennell, J. & Llaus, M., The adaptation of parents to the birth of an infant with a congenital malformation：A hypothetical model, *Pediatrics,* 56(5), pp.710－717, 1975
9）　文部科学省初等中等教育局特別支援教育課「教育支援資料――障害のある子供の就学手続きと早期からの一貫した支援」2013年
10）　柳澤亜希子「特別支援教育における教師と保護者との連携――保護者の役割と教師に求められる要件」『国立特別支援教育総合研究所研究紀要』第41巻　pp.77－87　2014年
11）　柳澤亜希子「自閉症のある幼児の保護者（家族）支援ガイドブック――保護者（家族）と教師との連携をめざして」平成24年～27年度科学研究費助成事業（若手研究Ｂ）「自閉症幼児の家族と教員との連携をめざしたパートナーシップの形成条件に関する研究」2016年

●○●　コラム　●○●

気持ちが折れてしまう前に

発達障害のある子どもとかかわりはじめた頃、相談に訪れる子のなかには、「どうせやってもわからないもん」「おれ、頭悪いから……」と口にする子どもがいた。いわゆる二次的障害が強く出ている子どもたちであった。お話はスラスラできるのに、読むことになるとたどたどしくなってしまう。こうした根本的なつまずきへの対応が、本来、彼らの相談したいことだったに違いない。本人自身も「話すのは簡単なのに、読むとなると、ひらがなでもつっかえちゃう。毎日こんなに練習してるのに、どうしてだろう」とはじめは悩んでいたのだろう。それが時を経るにしたがって、まわりからは「どうして、あんなにお話は上手なのに、音読が下手なの？　きっと家で練習してないからね。怠けていると、いつまで経っても読めるようになりませんよ！」といった心ない矢がビシビシと飛んでくるようになる。ずっとこのような矢を受け続けるなかで、「どうせ、がんばってもできないんだ。頭が悪いからしょうがない。勉強なんかやめた」。いつの日か、「がんばろう」という尊い気持ちまで、ポキンと折れてしまう。

二次的障害が深刻になってしまった場合、まずは過剰に低くなってしまった自信ややる気を少しずつ回復していけるよう支援することが優先され、彼らが有する根本的なつまずきへの対応は後回しになり、ますます差が開くことになる。こうした悪循環を絶つためにも、彼らのもともとのつまずきへのアプローチを一刻も早く行うためにも、二次的障害を起こす前に支援を行うことが不可欠になる。周囲の正しい理解、そして、いかに早期に彼らの大変さに気づき、重篤につまずく前に対応できるかが、彼らの気持ちを救うことにもなる。

第5章 子ども理解のための発達理論とカウンセリング的アプローチ

◆キーポイント◆

本章では、子どもを理解するうえで知っておかなければならない心理発達の理論、そのなかでも特に幼児期において重要なテーマとなる対人関係の発達について学習する。

次に子どもを理解するのに、同様に有効と考えられるカウンセリングの考え方について概観し、保育現場においてどのようなかかわりが求められ、子どもたちの成長にどのような支援が可能なのかを検討してみたい。

第1節 ● 子どもの発達とアセスメント——子ども理解のために

1 —— 子どもを理解するということ

今、目の前にいる子どもを理解しようとしたとき、この子はどんな性格で、どんなことに興味があって、どんなことが苦手で、よく遊ぶ友達は○○ちゃんで…… といったことがまず思い浮かぶかもしれない。

園で遊んでいる子どもたちを見ていると、外遊びが大好きで元気に遊んでいる子もいれば、室内で静かに絵本を読んでいる子、あるいは友達同士でままごとに熱中している子など、その姿は実にさまざまである。また同じ５歳児でも、文字の読み書きができる子とそうでない子、鉄棒の得意な子と苦手な子といったように、得手不得手もそれぞれ違っている。

それぞれの違いを子どもの個性ととらえるなら、その理解にはカウンセリング的なアプローチが役立つと考えられる。ただ、子どもの場合、ことばによるコミュニケーションが未発達な分、表された行動の理解に重点がおかれることになる。ことばによる大人のコミュニケーションに比べると、子どもの行動はなじみがない分、わかりにくいというハンディはあるかもしれないが、その表現が直接的なので逆に理解しやすいということもできる。

子どもを理解するもう一つのアプローチは、発達的な観点からとらえるというやり方である。ある年齢（月齢）では「子どもはこのような姿に到達しているだろう」（発達課題）ということを一つの目安として、その姿と目の前にいる実際の子どもの姿を比べてみるという方法である。

たとえば、3歳になったのにことばが出ないとか、5歳になったのに友達と遊べないといった場合、個性という観点からだけでは限界があり、発達的な視点から子どもを理解していくことが必要となってくる。

しかし、できるはずなのにできないとか、友達に対してすぐ乱暴するといった子どもの行動に、保育者にかまってほしいとか、友達とかかわりたいといった気持ちが潜んでいるということも少なくない。このような場合、対人関係の発達とその子の性格（個性）に加え、状況的な要因をカウンセリング的な立場から改めて検討しなければならないだろう。

個性、発達、そして状況からの検討をあげてきたが、ここでは、まず子どもの発達について、対人関係の広がりという観点から幼児期を中心に検討し、そのうえで子どもをどのように理解していくのかについて考えてみたい。

2 —— 幼児期の心理発達

※1　社会化については、事例4（p.144）の注2を参照。

幼児期の心理発達の大きなテーマは、「社会化」※1である。1歳頃までの乳児期が、母親との二者関係の成立を中心テーマとするなら、それ以後、就学までの幼児期は、二者関係から三者関係へと展開していく段階となる。

ここでは、ことば、母子分離、葛藤体験について概観し、そのうえで保育所・幼稚園・認定こども園のクラス（年齢）別に見られる心理発達の特徴を、対人関係を中心にそれぞれ検討してみる。

(1)　ことば

乳児期に見られた喃語（なんご）（「あ～あ～」、「ばぶばぶ」など）は、1歳前後から「まんま」といったような意味をもつことば（初語）へと変化してくる。そして幼児期に入ると、「わんわん、いたぁ」のような二語文や三語文へと発展し、単語の数も驚異的に増え、4～5歳では、ほとんどの子どもが大人との間でなんの支障もなくコミュニケーションが取れるようになる。それまでのコミュニケーション手段として、表情や身振りといった方法があったが、幼児期になってことばを獲得すると、その内容は飛躍的に増え、抽象性や象徴性が増していく。それと並行して、まわりの環境（世界）に対する幼児の理解・認識が深まっていく。

ことばの発達を考える際、その最大の要因として、伝えようとする相手との間に関係性が成立しているということに注意しておく必要がある。その主な対象は母親であることが多いので、ことばの発達には母親との関係が影響していると考えられる（ただし個人差も大きく、ことばが遅いからといって、それを短絡的に母親との関係に帰因させるのはもちろん問題である）。

また、ボキャブラリー（語彙）としての言語能力をもっているということと、それをコミュニケーションの手段として実際に使おうとするかしないかは、相手との関係性や、内向・外向といったその子の性格によって違ってくるということにも留意しておく必要がある。

コミュニケーション手段としてのことばの発達と、そのことばがそこで発せられるか否かが相手との相互関係によって違ってくるということは、ことばの発達を考えるとき、安心していられる場と、信頼して自分を表現できる人間関係が乳幼児期においてはとりわけ重要となる、ということを示している。

(2) 母子分離

乳児期での物理的な乳離れに対して、幼稚園入園に伴う母子分離は心理的離乳と考えることができる。母子分離に関するエピソードは、入園当初の4月～5月に観察される。母親が帰っていく姿を門から不安そうに見送っている子、あるいは心細さのあまり泣き出してしまう子など、その姿はさまざまであるが、それまでの母親との生活から幼稚園という未知の世界に足を踏み入れるということに加え、その母親が目の前からいなくなってしまうというのは、幼児にとって大変な事件であり、不安が起こって当たり前であろう[※2]。

※2　分離不安については、事例4（p.144）の注1を参照。

この不安には当然個人差があって、不安の程度だけで子どもの自我や情緒性について簡単に評価することはもちろんできないが、その子の心のなかに安心の源泉としての母親イメージがどの程度定着しているかについては、ある程度推測することができる。乳児期での人見知りが、物理的に母親が目の前にいるかいないかが問題になるのに対し、母子分離の場合は、イメージとしての母親像を抱くことができるかどうかという心理的なことが重要となる。目の前にいなくてもその存在を信じることができるということ、そしてその対象と自分の関係について信頼し、安心できるかどうかということが問題となるのである。

母子分離に関しては、多くの場合、一過性的な不安を示すことはあっても、園での生活に慣れるに従い、次第に薄れていく。しかし、なかにはいつまで経っても不安が解消されず、園生活にとけ込めない子もいる。この場合の対応としては、その不安が特別なのではなく、ごく当たり前のこととして受け止めることがまず必要である（不安をまったく示さない子のなかには、基本的な母子関係が成立していない可能性もある）。この場所が安心できるところなのだということ、母親はけっして自分を見捨てたりはしないということをその子が確信できるかどうかは、かかわる保育者の対応によっても変わってくる。

(3) 葛藤体験

自分の思い通りにいかなくて駄々をこねる、あるいは反抗する、攻撃するというのは第一次反抗期で経験するが、親や家族ではなく、同年代の他児に対して向けられるのは、入園後しばらくしてからである。

子どもたちが少しずつ園に慣れてくると、自己主張に伴うトラブルが起こりはじめる。仲間に入れる入れないといっためごとや、モノの取り合いなどをめぐって、ときにはつかみ合いのケンカにまで発展することもある。かかわる保育者としては、園児同士のトラブルはできることなら避けたいし、お互いに集団生活を送るうえでのルールを守れるようになって欲しい、と願うだろう。そこでケンカが起これば仲裁に入り、両者の言い分を聞いて悪いほうを注意し、ルールを教えようとするかもしれない。

しかし、自分の思うようにいかないという対人関係での葛藤は、幼児を成長させる貴重な体験ともなり得る。たとえば、自分の欲求から相手の意向を無視して遊具を独占したとしよう。相手は怒ったり、泣いたり悲しんだりする。すると、思い通りに遊べるはずなのに、なぜか楽しさは半減してしまう。逆に、自分も読みたいのに絵本を貸してもらえないと、腹が立ったり、悔しかったりする。ここで、子どもの視野は自分中心から相手をも含んだ風景へと変わっていく。

思いのぶつかりあいを通して、他者の思いというものに気づくのである。他者との関係において、楽しさや嬉しさが自分中心のものではなく、他者の思いを配慮し、共有できて初めて成り立つということ、そのためには自分の欲求をときには我慢し、他者と折り合うことも必要だということをここで学ぶ。葛藤を葛藤として抱え、折り合っていくことは、今後社会という人間関係のなかで生きていくのにとても大切な力となる。

このように考えると、葛藤場面にどのようにかかわるかは、とても重要になる。「ケンカはよくない」「他者を傷つけてはだめ」と教えることも大切だが、その前に、悲しみ、怒り、腹立ちといった気持ちをまずしっかりと体験させ、自らの体験を通して、それが自分だけでなく相手も同じ気持ちなのだと子どもが気づき、理解できるようにすることがより重要なのではないだろうか。この体験が他者への配慮や共感へとつながっていくのである。頭だけで理解するのではなく、感情や身体も含めて真に納得するということ。これは子どもに限らず、大人にとっても難しい永遠のテーマでもある。

なお、ここでは対人間での葛藤について述べてきたが、他児との関係を精神分析[※3]でいうイド（エス）や超自我と置き換えれば、このことは個人内での葛藤、すなわち自我の葛藤と考えてもまったく同じことがいえる。

※３　精神分析
フロイト(Freud, S.)によって創始された無意識を中心とした心理学。精神分析学では、心の機能として自我（エゴ）、イド（エス）、超自我(スーパーエゴ)を置く。自我は意識の中心の機能で、イドからの要求と超自我からの自己の規制を受け取り、感情を現実に適応させる機能である。イドは無意識の中心の機能で感情、欲求、衝動を自我に伝える。超自我は先の２つの層をまたいだ機能で、ルール、道徳観、倫理感、自己の規制を自我に伝える機能をもつ。

(4)　保育所・幼稚園・認定こども園での発達

個人の心理発達から見た育ちとは別に、日々の保育の営みから見えてくる園児たちの発達というものがある。年中行事を含めた保育計画・教育課程の編成や、遊びを中心とした集団の相互作用がここには大きく影響している。ここでは学年別に、対人関係の変容を中心にまとめてみる。

まず３歳児であるが、幼稚園３年保育の場合、入園が子どもにとっては最初の母子分離体験となる。ここで生じる現象については先に述べた通りである。この段階では、子どものかかわりの対象は母親代理である保育者にまず向けられる。そして保育者との関係が安定したものになると、少しずつ他児に関心が向けられていく。このとき、お気に入りの場所や絵本、あるいは遊び用具が移行対象（母親の代理としてのぬいぐるみなど）として登場することもある。

園の生活に慣れてくるに従い、子どもたちの自己主張がはっきりしてくる。それに伴って子ども同士の衝突が起こり、葛藤を体験するということ、そしてここに至って、子どもの心のなかにはじめて他者が登場してくるということは先に触れた通りである。およそ４歳児くらいまではこれが繰り返される。

５歳の年長クラスになると、集団で行動することが身につき、秋の運動会が終わる頃には「自分たちのクラス」という所属感が生まれる。そして、「私たち（We）」という一人称複数の概念がここに成立する。運動会といったもの以外に、一泊保育や生活発表会、あるいは作品展などの園の行事を計画的に配置することで、子どもの育ちはそれをきっかけに加速されていく。そして卒園を控えた２月頃には、幼児期の課題である社会化はほぼ達成され、遊

★年長クラスになると、協力しあって動物の世話をするなど、社会的な行動の基礎ができてくる。

※写真と本文は関係ありません。

びにも余裕と落ち着きが見られるようになる。

以上は大まかな記述であり、最初に述べたように、個人差や、年齢が低い場合は月齢差の影響も大きく、当然そのことは考慮されなければならない。

3 —— アセスメント

アセスメントという用語は、心理学では「査定・評価」と訳され、広い意味では「理解」ととらえられている。本章では子どもを理解する方法として、大きく2つのやり方を冒頭で述べた。その一つが発達段階から子どもを見るという方法で、今、子どもがどの発達段階にいるのかということを客観的にとらえるやり方である。そしてもう一つが、次に述べるカウンセリング的な方法で子どもを理解するアプローチである。

前者については、さらに心理学的な手法を使ってさらに厳密にしたものに発達検査があり、子どもの発達のさまざまな側面を測定する。しかし、限られた時間内で施行され、いつもとは違う場所で、しかも検査を行う相手は専門家とはいえ、見知らぬ人である場合がほとんどである。子どもの発達がわかるという点では有効な方法であるが、あくまでも個人内での発達が中心で、個人間、すなわち幼児期の重要なテーマである社会性について測定するには限界があるのも事実である。

保育者が子どもを理解するのは保育の現場においてであり、子どもとのかかわりを通して行うものである。なにより、生活集団のなかで普段の姿を見ることができるというのが大きな特徴である。幼児期の発達で重要な対人関係と社会性について、日常の生活場面で、しかも園児同士のかかわりあいも含め、継続的に観察できるというのは、発達検査によるアセスメントとは大きく異なってくる。

もう一つ、保育者が子どもを理解するうえでの特徴は、自身とのかかわりを通して子どもを見ることができるということである。このかかわりを通しての理解に大きく役立ってくるのが、カウンセリング的な方法である。受容と共感的理解、そして関係性のなかで起こってくる自身の感情が、子どもの気持ちを理解するうえで重要となってくる。これについては次節で述べる。

第２節 ● カウンセリングの基礎理論

教育の現場において、カウンセリング・マインドということばがしきりにいわれるようになった。ここでいうカウンセリング・マインドとは、カウンセリングの技法そのものを指すのではなく、カウンセリング的な方法や態度を子どもの理解や対応に生かす、という意味合いで使われることが多い。そこで、本節ではまずカウンセリングの原点に立ち返り、その基本的な理論について整理してみたい。

1 ―― 日本におけるカウンセリングの発展

日本におけるカウンセリングの現況を概観したとき、それはロジャーズ（Rogers, C. R.）の来談者中心療法[※4]から発展したものと考えてよい。1950年代にまず彼の「非指示的療法」が、続いて60年代に入ると「来談者中心療法」が紹介され、教育や福祉の領域はもとより、医療、看護、産業界も含むさまざまな分野で、カウンセリングの実践が広がっていった。

カウンセリングの普及は、特に教育界で目覚ましく、それまでの助言、指示、極端な場合は説教が中心だった中学校での生徒指導のあり方が、生徒の気持ちをまず受け止め、理解しようとする教育相談的なかかわりへと変化するほどの影響があった。現在、「受容」と「共感」は教師の間でもよく話題となり、生徒指導や教育相談、あるいは教員研修といった場でも「どのようにしたらあの子を受容したことになるのだろうか」とか、「それでは子どもの立場に立った共感的な理解とはいえないのではないか」などと議論されるようにまでなった。

日本におけるこのようなカウンセリングの発展には、ロジャーズの主張したカウンセラーのあるべき態度、すなわち受容と共感的理解が一見単純でわかりやすいと思われたことが大きいと考えられる。これは日本という社会、風土においては、言語を中心に構成される理論よりも、非言語的な態度のほうがなじみやすく、受け入れられやすかったからともいえるだろう。しかし、ここに誤解と落とし穴が潜んでいたのも事実である。以下、その点にも触れながら、ロジャーズの理論について検討する。

※４　**来談者中心療法**
来談者中心療法の基本的な考えは、カウンセラーの態度（無条件の肯定的関心、共感的理解、自己一致）をどう実現するかが重視される。これらの態度で接することにより、来談者自身が問題に気づき、成長していくことができるとしている。なお、第６章１節４（p.77）も参照。

2 —— 受容・共感・自己一致

カウンセリングにおいては、カウンセラーに対して、相談に来る人をクライエント（契約者、顧客）と呼ぶ。これは、相談における関係がそれまでの医療で使われていた治療者—患者という上下関係ではなく、両者がそれぞれ独自な人格を有した対等な関係であることを意味している。そして、ロジャーズは、カウンセラーにとって必要な条件を３つあげている。

１点目は、無条件の肯定的配慮と呼ばれるものである。クライエントのありのままの姿を、無条件に肯定的に受け入れるというもので、ここから受容ということばが生まれている。クライエントのどのような感情であれ態度であれ、それをその人の一部として認め、温かく受け入れるということ。ここには人間の成長の可能性（実現傾向：Actualizing Tendency）への揺るぎない信頼が前提となっている。

２点目は、共感的理解である。クライエントの気持ちに寄り添い、あたかも自分自身のものであるかのように感じとること。ただし、自分自身の感情や欲求、体験、先入観に左右されたり、捕らわれたりすることのないように注意する、すなわち自分の体験とクライエントの体験とを明確に区別し、混同しないということが重要な条件となる。それがないと、カウンセラー自身の感情を相手に投影してしまったり、単なる同情に終わってしまう危険性が生じてくる、としている。

このただし書きに注意せず、とにかくクライエントの言うことをひたすら聞いて「受容・共感」しさえすればカウンセリングがうまくいく、と誤解してしまうと、そこにさまざま問題が生じてくることになる。大人の例だが、ここに一つ紹介してみる。

「夫婦関係がうまくいかないので離婚したい」ということで、20代後半の女性がカウンセリングを受けにやって来た。最初に会ったとき、カウンセラーは年齢の割に情緒的に幼い感じを受けたが、そのような個人的偏見に捕らわれてはいけないと思い直し、女性の立場になって熱心に話を聞いていった。

面接を重ねるうち、クライエントが一生懸命尽くしているにもかかわらず、彼女の夫という人が社会的にはきちんと仕事をこなしているのに、家では専制的で、ときには暴力まで振るうという話や、そのためにクライエントである妻が自律神経失調症となり不眠が続いているという話を聞くに及んで、カウンセラーはその女性に「共感」し、そんなにひどい夫なら離婚も仕方がないと思うようになった。

そんな折、妻からカウンセリングに通っていると聞いた夫が、会いたいと言ってきたので、クライエント（妻）の了承を得て、カウンセラーは夫と面接することになった。夫の話は次のようなものであった。

妻（クライエント）は生来わがままで経済観念がなく、家計は毎月赤字で、その穴埋めを結婚以来ずっと実家の両親に見てもらっていた。そのことで夫が不満をもらすと、2～3日実家にぷいっと帰ってしまうということがたびたびだった。

ここでカウンセラーは両者の言い分の違いに驚き、クライエントにはだまされた感じすら抱いてしまったのである。

かなり極端な例をあげたが、ここでクライエントがカウンセラーに嘘を言っていたのかというと、けっしてそうではない。夫の暴力や自分の不眠症については確かに事実だった。注意を要するのは、これが部分的な事実ではあっても全体的な事実ではないということ、そして夫が専制的だということも、それはクライエントの主観的事実であって客観的事実ではないということである。

クライエントを受容しようと努めるあまり、カウンセラーは2つの事実の違いがわからなくなってしまっている。この事例の客観的な状況をとらえ直してみると、クライエントについては親からの分離、自立ができていないということが大きな問題として考えられる。実はカウンセラーは、このことを最初の面接のときに「幼い」と感じていたのに、それは自分の個人的な偏見と考え、受容にとってマイナスになるとして切り捨てていたのである。

受容・共感とは自分を無私にして相手の立場に立つこと、という誤解が、カウンセラーとクライエントを一体化させてしまい、一面的事実にしかカウンセラーの目を向けさせなかったのだといえる。受容・共感するには、まずカウンセラー自身がどう感じ、どう思ったのかということが大切になってくる。

このことをロジャーズは、自己一致として、カウンセラーに必要な3点目の条件にあげ、カウンセラーである前に一人の人間であること、そのために表面を取り繕ったり防衛的に身構えたりしないこと、自分自身の気持ちにオープンで正直であることが大切だと述べている。

自分自身の気持ちに正直であることについては、特に関係のなかで否定的な感情が起こってきたときに重要となる。相手が子どもであれ大人であれ、なぜそのような感情、たとえば嫌な感じとか苦手な感じがしたのかをよく考えてみる。そうすると相手の見えなかった状況が見えてくる場合がある。ただそのためには普段の自分の傾向を知っておく必要がある。たとえば、内向的な性格の人は外向的な人を苦手とするとか、その逆に、外向的な人が内向的な人を消極的すぎると判断してしまうなどである。

3 —— 傾　聴

ロジャーズのいうカウンセラーに必要な3条件を述べてきたが、そのすべてに通底しているのは、「聴く」という態度であろう。ぼんやりと聞くのではなく、真剣に聴く、傾聴するという態度である。周囲を見渡してみると、話し上手はいるが、「聞き上手」は思いのほか少ない。また、こちらの興味や関心を中心とした「聞きたがり」は多いが、相手のペースを尊重した聞き上手は少ない。その意味で3条件は、どのようにしたら傾聴できるようになるか、そのための必要条件と考えることもできる。

なお、ロジャーズの理論は大人を対象として考えられたものであるが、コミュニケーション手段をことばによる表現から遊びや行動に置き換えれば、子どもを対象と考えても十分通用する。子どもとのかかわりのなかで、子どもに寄り添い、そのあり方を尊重する、そして、声を聴き、子どもの発信をしっかりと受け止めるということが、気持ちの理解、ひいては子どもの成長の支援へとつながっていくのではないだろうか。

参考文献

1） C. R. ロジャーズ　伊藤博訳『カウンセリングの理論』誠心書房　1962年
2） 菅野信夫「親と子の育ちの場としての幼稚園」文部科学省編『初等教育資料』平成16年3月号（No.779）2003年
3） 小田豊・菅野信夫・中橋美穂編『保育臨床相談』北大路書房　2006年

●○●　コラム　●○●

クモの巣、きれいだね

明くんは、年中組（４歳児）から入園してまだ１か月足らず、内向的な性格の子で、新しい環境になかなかとけ込めず、まわりで友達が遊んでいても、いつもぽつんと独りでいる子です。先生にとってはちょっと気になる子の一人でした。

ある朝、明くんが園庭に植えてあるバラの前にじっと座っているのを先生が見つけました。そばへ寄っていくと、明くんは「ちらっ」とこちらを見ただけで、「じーっ」とバラのほうを眺めています。

バラの花が一輪咲きかけていたので、先生は「バラの花を眺めているのかな」と思って隣に腰を降ろしました。そして明君の見ている方向に目を移すと、そこにクモが１匹、枝の間に巣をかけている光景が飛び込んできました。クモの苦手な先生は思わず声をあげそうになりましたが、じっと我慢して一緒に眺めることにしました。

しばらくして、明くんは先生のほうを振り返り「きれいだね」と一言、嬉しそうに言いました。「本当だね」と言って先生がほほえむと、明くんは目を輝かせ、それまでの姿からは想像できないような得意そうな表情で、クモがどのように巣をつくるのか、一生懸命語りはじめたのです。

明くんは実は虫が大好きで、家でダンゴ虫を飼っていることや、虫の図鑑をいっぱい持っていることを保育者が知ったのは、その後のことでした。

このエピソードは、保育者が気になりながらもあえて集団のなかに引き込もうとせず、じっと見守ったということ、そして子どもの視線に立つことによって、日常のちょっとした出来事を見逃さず、子どもと感情を共有できた例である。理解してもらえるという安心感があってはじめて子どもは自分を表現する。それは、かかわる大人（保育者）の側の姿勢次第で決まってくる。

第6章 保育場面でのカウンセリング技法の活用

◆キーポイント◆

この章では、「カウンセリングとは何か」ということからはじまり、保育者がカウンセリングマインドの精神をもってかかわるために必要とされる基本的な知識や技法について述べていく。

特に、保育の現場での保護者との会話や面接の際に活用できる、①「コミュニケーション・スキル」や、気になる子どもやその保護者とかかわるための、②「カウンセリング・スキル」について解説し、スキルを獲得するためのワークを試みながら実践的に学んでいく。

第1節 ● カウンセリングの基本事項

保育・教育相談において、カウンセリング・マインドの精神で子どもや保護者に向き合うことの大切さが認識されるようになって久しい。池田はカウンセリング・マインドを「優しさ」「思いやり」「強さ」で説明しており[1)]、これまで保育現場においても、このような精神をかね備えた保育者の育成に力が注がれてきた。

この間にも、わが国の子どもを取り巻く環境は、刻々と変化し続けてきた。厚生労働省の調査では[2)]、男女の晩婚化と晩産化の傾向が明らかとなり、合計特殊出生率も2005（平成17）年に1.26と過去最低を記録して以降、現在に至るまで伸び悩んでいる。かつて少子高齢化と言われた日本社会は、人口減少社会という新たな局面を迎え、子育てにおいても孤立や孤独を抱えやすい深刻な状況である。ひとり親家庭や貧困家庭、障害を抱える子どもや外国にルーツを持つ子どもの家庭など、保育者が支援する対象の範囲はより広く多岐にわたる。

このような状況から、近年では、子どもの育ちや子育てに関する各家庭の状況を的確に把握し、支援につなげることの重要性が増し、保育者にはカウンセリング・マインドの精神のみならず、カウンセリングの実践力そのものが求められるようになった。そこで本節では、カウンセリングの専門的な知識と技法を心得た保育者を目指すことを目的に、カウンセリングの基礎および基本的態度について学ぶ。

1 —— カウンセリングについて

前章でも学習したが、カウンセリングの世界では、問題を抱えて相談に来る人のことをクライエントと呼び、クライエントとともに問題解決に携わる人をカウンセラー（もしくはセラピスト）という。

保育・教育相談におけるカウンセリングとは、人生で誰もが遭遇するような大なり小なりの問題に対して援助する営みであり、クライエント自身が問題を乗り越えながら成長していく過程をカウンセラーが支援する働きかけである。したがって、治療を必要とする人のカウンセリングとは異なり、カウンセリングを必要とする人は特別ではなく、「普通の人」である。

しかしながら、「普通の人」という概念は人それぞれのとらえ方があるため、想像するのは難しいかもしれない。國分によると[3)]、「普通の人」とは、現実原則[※1]のままならぬ人生に従いながら、自らの願望を充足させるための快楽原則[※2]を満たしている人のことである。つまり、「普通の人」であれば、現実の生活に適応するために状況を判断し、今やりたいことを少し我慢して後に回し期待することができたり、不快な状況においても楽しみを見出そうとすることができる。ところが、生活に適応するために自分の欲求を我慢しすぎて神経質なノイローゼの状態にある人は、現実原則に従いすぎているといえるし、現実の生活の不快から逃避して妄想や解離状態にある人や薬物依存にある人は、治療的なカウンセリングが必要となる。そのような場合は、われわれが保育・相談支援で行う一般的なカウンセリングの対象外となる。カウンセリングを行ううえで重要となるのは、まず、対象となるクライエントが治療的なカウンセリングを必要とするのか、それとも一般的なカウンセリングの範疇での対応を必要とするのかを見分けることにある。

※1　現実原則
現実生活に適応するため、快感を求める原始的本能的欲求を延期、断念、または変形したりする自我の働きをいう。

※2　快楽原則
心の不快を避けて快を求めようとする傾向のことをいう。

次に、カウンセリングを実施するにあたり、カウンセラーとクライエントの両者の間に、基本的な信頼関係（ラポール）が形成されることが大切になってくる。両者の信頼関係はお互いのコミュニケーションをスムーズにし、問題解決を促す役割を担う。國分は、このようなカウンセラーとクライエントの信頼関係に基づいたカウンセリングの営みを「言語的および非言語的コミュニケーションを通して、行動の変容を試みる人間関係」と定義する[3)]。この「行動の変容」には、「直接の行動の変化」「思考の変化」「感情の変化」が含まれ、決して目に見える行動だけが変容の対象となるのではない。

ここでは、國分のカウンセリングの定義に従い[3)]、カウンセリングそのものが、人の行動や思考、感情などをよい方向へ変容・修正していく援助方法であることに注目していただきたい。

2 —— カウンセリングの種類

保育・教育相談で行われる一般的なカウンセリングは、段階によってその手法が異なり、いくつかの種類が想定される。また、クラスなどの集団に働きかける事例か、個別にかかわる事例か、その規模によってもカウンセリングの手法が異なってくる。

ここでは、予防的カウンセリング、問題解決的カウンセリング、開発的カウンセリング、および集団を対象としたカウンセリング、個別カウンセリングを取り上げて説明する。これらのカウンセリングの種類とその特徴や役割を理解し、適切なかかわりや連携のあり方を考えていただきたい。

(1) 予防的カウンセリング

子どもや保護者とのかかわりの中で、明らかな問題が生じているわけではないが、気になる要因が多いという事例がある。そのような子どもや保護者の抱える問題が深刻な状態に陥らないよう、前もってリスクを予防するという意味合いが含まれるカウンセリングである。予防は、①精神的不健康や問題行動を引き起こすかもしれない原因の除去や減弱、②早期発見と早期対処、③問題による損失をいかに少なくするかという観点から行われる。

予防的カウンセリングの対象となるのは、気になる子どもとその家庭だけではなく、すべての子どもと家庭が対象となる。また、予防という観点からは、担任保育者だけではなく、園全体で対象となる子どもや保護者を見守り、少しの変化にも気づいて温かい声かけで寄り添いたい。

(2) 問題解決的カウンセリング

成長・発達の過程において、なんらかの問題を抱えた子どもやその保護者に対する問題解決的な働きかけをするカウンセリングである。たとえば、保育・幼児教育の現場では、発達課題につまずきや遅れが見られる事例、貧困や虐待に直面した事例など、問題は多岐にわたる。相談援助を行う際には、すでに予防段階ではなく、問題そのものに対峙(たいじ)しアプローチしていく段階であることを意識したい。そのようなことから、主に担任保育者が中心となり、事例の状態を把握し、園の教職員に情報共有しながら検討を行う。その場合は、職員会議などで他のクラス担任、主任保育者、園長など、異なる立場の職員からの意見や情報を収集し、医療や福祉の相談機関へとつなげていくことが望まれる。また、保護者の思いを尊重しながら専門機関の情報を提供していく必要があり、保育者自身に専門的な知識が求められる。

(3) 開発的カウンセリング

園の教職員などが、すべての子どもの健やかな成長や発達を促すために教育的な役割を担う。そのような観点から、開発的カウンセリングは教育志向の強い方法である。かかわる対象は子どもだけではなく、保護者も含める。たとえば、保育・幼児教育の現場では、子育てを初めて経験する保護者も多い。担任保育者は家庭訪問や連絡帳のやり取り、降園時の保護者とのやり取りなどを通じて、子どもの日々の成長を家庭に伝えていくとよい。しかし、保育者の「伝えなくてはならない」という思いが強すぎると、保護者の悩みや不安を聴くことがおろそかになってしまうため、相手の気持ちを汲み取ることにも配慮したい。

また、園だよりやクラスだより、保健や食育のたよりなどの作成を通じて、各家庭に子育ての知識を伝えていくことが可能である。

(4) 個別カウンセリングとグループ・カウンセリング

カウンセリングには、個人を対象にしたものとグループを対象にしたものがある。個別カウンセリングは、なんらかの問題や悩みを抱える個人を対象として行われるカウンセリングで、個別面談などの方法が考えられる。これに対してグループ・カウンセリングは、小集団を対象に行うカウンセリングで、家族や夫婦の話しあい、同じ悩みを抱えた者同士の意見交換などを通して、本人たちが成長していくことを手助けするものである。保育・幼児教育の現場においても、個別カウンセリングとグループ・カウンセリングをうまく活用していきたい。

3 —— カウンセリングの担い手

白川は、カウンセリングを実施するにあたり、誰がカウンセリングを行うのかということと、誰を対象にしてカウンセリングを行うのかを明確にする必要性を指摘している[4)]。保育・教育相談におけるカウンセリングの場合、カウンセラーの役割を担うのは、保育やカウンセリングの知識をもった専門家や保育者である。そしてクライエントは子ども自身とその保護者（親・家族など）ということになる。また、保育者が問題を抱えたときには、保育者自身がクライエントとなることも想定される。したがって、保育におけるカウンセリングでは、保育現場の実情や知識を備えた経験豊かなカウンセラーが求められる。ここに通常の心理カウンセリングとは異なる独自の専門性が求められる。

保育現場でカウンセリングを実施するにあたっては、カウンセリングの従事者であるカウンセラーを以下のように分類することができ、職務上の役割は区別しながらも互いが連携することが望まれる。

(1) カウンセラー（資格を有する専門職者）

子どもを取り巻く環境の変化、家庭の子育て機能の低下などの状況をふまえて、近年、保育現場でも、問題を解決していくためのカウンセリングの重要性が指摘されている。

通常、発達相談のカウンセリングは、臨床心理士や発達臨床心理士、学校心理士などの民間資格を有する専門職者、公認心理師などの国家資格を有する専門職者、心理学や保育の領域で高い専門性をもった大学教員などが役割を担う。主に、乳幼児の発育相談や発達障害児への教育相談、気になる子どものメンタルヘルスに関する相談などが中心となる。

これとは別に、貧困家庭への支援や虐待相談などに関する社会的支援を必要とする場合は、社会福祉士などの資格を有したソーシャルワーカーが役割を担うことになる。ここでは、前者の心理系の資格を有する専門職者の役割について述べたい。

通常、心理系の資格を有する専門職者や大学教員という立場の専門職者は、保育現場に在中しておらず、定期的な巡回相談で園を訪問し、気になる子どもやその保護者の支援について保育者にアドバイス等を行う。巡回の頻度は数か月に１回、年に数回という程度で、いくつもの園をかけもちで巡回することが多い。

そのため、各園の子どもたちが、一定期間を経てどのくらい成長したかを確認できても、普段の積み重ねのなかで見られる成長の様子を把握することが難しい。また、近年では、各園でのクライエント数が年々増加傾向にあることから、数十人単位のケースを１回の訪問でじっくりと観察することが困難になってきている。

そこで、カウンセラーは、各園のクラス担任から事前にクライエントの詳細な記録や、個別の支援計画を送っていただくのだが、それがカルテのような役割を果たし、対象児の日々の姿を理解するために大変役に立つ資料となる。

カウンセラーはこのように、現場の保育者と常に対等な関係で連携を図りながら職務を行う。なお、巡回では子どもの観察に加え、コンサルテーションが実施される。これは異なる専門性や役割をもった専門家同士が対等な関係でお互いに意見を交換しあい、クライエントの支援の状況について検討する会議のことである。

各園を巡回するカウンセラーを「アドバイザー」という場合は、アドバイスをする側とされる側の上下関係が成り立ちやすいことから、近年では「コンサルタント」という言葉が用いられるようになってきている。

(2) パラ・カウンセラー（保育士）

「パラ（para）」とは、「副次的」「準ずる」などの意味を有する。したがってパラ・カウンセリング（para-counseling）とは、専門の心理カウンセラーではなく、本務を別に有する者が、自分の仕事の一端として本務達成の必要上から、クライエントを援助するカウンセリングのことである[5)]。

保育・教育相談の現場で、保育者がクライエントである子どもや保護者に対して実施するカウンセリングのことである。そのため、保育者は日頃から、子どもとその保護者の間に信頼関係を築いておくことが必要となる。この信頼できる人間関係ができあがっていれば、問題の所在や状況の把握が容易になり、クライエントに対しての助言も現実に即し、具体的で適切なものとなる。逆に信頼関係が成り立たないような関係では、保育者としての本務さえも達成できなくなり、パラ・カウンセリングの意図が削がれてしまう。

また、パラ・カウンセラーはカウンセラーとクライエントの中間地点に位置し、両者の橋渡し的な役割を果たす必要がある。この関係は、たとえば、医者と患者のやりとりを円滑にするために看護師が患者を介助し、心身のケアを図る行為に似ている。患者が医師に遠慮して伝えられなかったことに、看護師が気づき丁寧に聴き取ってくれることがあるが、そのようなときに、患者は心の底から安心を得て自分の状態を話すことができるのである。

パラ・カウンセラーにおいても、カウンセラーから受けているカウンセリングがより効果的に機能するために、クライエントの不安を低減させ、心理的な問題を聴き取り、調整するなどの有効な働きを担っているのである。そのため、保育者はパラ・カウンセラーとして、その立場と役割において、幅広く高い専門性を備えることが求められる。

公益社団法人全国私立保育園連盟[6)]では、「保育カウンセラー」を商標登録し、資格認定制度を設けている。その役割は、カウンセリングの理論と技術を活かし、保育の質の向上を図るとともに、子どもにかかわるすべての人たちが円滑な関係を築けるように援助することであり、パラ・カウンセラーとしての立場を明確に示している。

(3) ピア・ヘルパー（仲間や同僚）

ピア・ヘルパーは、学校などの教育現場で注目されているピア・サポートの概念に基づく。

「ピア（peer）」とは､年齢を同じくする同年代の仲間を意味することばで､「サポート（support）」は支援・援助の意味である。学校などの教育現場では、普段は教育される立場である子ども同士が互いに悩みを話しあい、問題解決に向けての助け合いを行う一連の行為ととらえられる。

ピア・サポートが最も組織的に行われたのはカナダで、1970年代以降、同国全土で大きな広がりを見せたという。その活動は、アメリカ、イギリス、オーストラリアをはじめ、西欧、東南アジア、日本などの各地にも広まった[7)]。さらに諸外国では、学校での活動のみに留まらず、地域・職場において、仲間が仲間を支える活動が展開されており、その名称も「ピア・カウンセリング」「ピア・ヘルピング」など、対象や内容によってさまざまに使い分けられている。

ここでは主に、職場の同僚や、同じ悩みを抱えた仲間（親同士）の社会的支援活動のことをピア・サポート（peer-support）とし、学校現場で展開される子ども同士のピア・サポートとは区別する。したがって、保育現場では、ピア・ヘルパーの役割を担うのは、共通の問題を抱えた保育者同士、もしくは同じ悩みを共有する保護者同士となる。そして､援助を行う者をあえて「カウンセラー」と呼ばず「ヘルパー」と呼ぶのは、ピア・サポートは本格的なカウンセリングのように、カウンセラーとクライエントの役割が固定化されていないことと、ピア・ヘルパーは確立された職業ではないので、カウンセラーほどにしばられない個の自由があること[8)]に由来するからである。

しかしながら、ヘルパーとカウンセラーの間には共通するところもあるため、以下に、國分の示す両者の共通点をあげておく[8)]。

ヘルパーとカウンセラーの共通点

① リレーションをつくる（お互いに心がふれあう)。
② 何が取り組むべき問題かについて、お互いが共通認識（同意）している。
③ これからどうしたいか､どうすればよいかの最終決断は相手にまかせる（ただし、自殺・他殺・虐待の場合は例外)。

出典：日本教育カウンセラー協会編『ピアヘルパーワークブック』図書文化　2002年　p.3

4 ── カウンセラーに求められる態度──「話し上手」より「聞き上手」

カウンセリングでは、個人のもつ悩みや問題を解決するために、カウンセラーが精神医学や心理学などの専門的な知識に基づき、相談に訪れたクライエントに対して助言を与えている。しかしながら、カウンセラーの一方的な助言は、かえってクライエントを不安な気持ちにさせ、カウンセラーへの不信感を抱かせる原因となる。したがって、カウンセリングでは、話し上手なカウンセラーより、聞き上手なカウンセラーであることが要求される。

このことを証明したのが、アメリカの臨床心理学者ロジャーズ（Rogers, C. R.）である。彼が創始した「来談者中心療法」は[※3]、初期の段階では「非指示的カウンセリング」と呼ばれ、それまで中心とされてきた「指示的カウンセリング」の批判でもあった。

※3　ロジャーズの来談者中心療法については、第5章2節1（p. 65）を参照。

非指示的カウンセリングの中心は、クライエントの話を聴くことにあり、それは傾聴技法ともいえる。その後、ロジャーズ自身の理論に基づき、非指示的カウンセリングの技法は、「技法」としてのみではなく、その「態度」を備えることの重要性が加わり、現在の「来談者中心療法」へと展開していった。

このロジャーズの来談者中心療法は、現在、わが国のカウンセリングの領域に大きな影響を与えているといえる。

なお、ロジャーズは、クライエントの建設的なパーソナリティ変容が起こるために必要かつ十分なカウンセラーの態度として、「受容」（無条件の肯定的配慮）、「共感」（共感的理解）、「自己一致」（純粋性）の3条件をあげている[※4]。

※4　受容・共感・自己一致については、第5章2節（p.66）参照。

第2節 ● カウンセリングの技法

1 ── コミュニケーション・スキル

人が健全な社会生活を営むうえで、コミュニケーションは欠くことができない。コミュニケーションは、ラテン語の「communicare」を語源とし、情報や感情を伝達すること、意思疎通を図ること、共有することや分かちあうことの意味合いを含む。

その方法は、他の動物と比較しても随分と高度である。たとえば、動物は吠える、においをつける、耳や尻尾をたらす、腹を見せる、毛を逆立てるなどの方法で、相手に感情を伝えることがある。しかし、人は自らの感情を相手に伝えるときに「ことば」を用いることができる。また、それ以外にも、視線や表情を介するなど、モノを共有した意思疎通を行うことができる。そしてなにより、私たちはこのようなコミュニケーションをいとも簡単に無意識のうちに行っているのである。カウンセラーは、このような無意識に行っているコミュニケーションを、あえて意識しながらクライエントと丁寧にかかわっている。

(1) 言語的コミュニケーション（verbal communication）

言語的コミュニケーションとは、ことばを媒介としたやり取りが中心となるコミュニケーション方法である。しかし、実際にことばでやり取りをしているときに言語が占める役割はほんのわずかであり、ことばだけでカウンセラーの意図がクライエントに理解されているかどうかは不明である。たとえば、クライエントがまだ幼い子どもであったり、外国籍児童の保護者であった場合を考えてみよう。この場合、かなりかみ砕いた日本語で対応することが求められるし、私たちもまた相手のことばを十分に理解できないこともある。

そこで、ことばでのやり取りとあわせて意思疎通の手がかりとするのが、次に述べる非言語的コミュニケーションである。この非言語のコミュニケーションの一つである準言語は、無意識のうちに言語的コミュニケーションと併用される傾向があるが、準言語に少し意識を寄せるだけで、効果的な言語的コミュニケーションが生み出される。たとえば、声のトーンをいつもより明るくし、ゆっくりと話す、アクセントに強弱をつける、相手に合わせた間の取り方をするなどの話し方は、幼い子どもたちに好まれる方法である。

(2) 非言語的コミュニケーション（nonverbal communicatin）

ことば以外の方法を用いたコミュニケーションを、非言語的コミュニケーションという。私たちは、お互いの意思や感情、態度などを伝達するときに、まるで、ことばを補うように、身振り手振り、表情などを用いてコミュニケーションを行うことがあるが、そのほかにも、表6－1のようなものが非言語的コミュニケーションにあげられる。

表情に関することでは、実際の表情と言葉が食い違ったり矛盾するダブルバインドという現象がある。たとえば、クライエントが不安な表情で「私は大丈夫です」と答えるときや、怒った表情で「好きにすればいい」というよ

表６－１　非言語的コミュニケーションの種類と役割

①　**表情**：感情や気分、健康状態の把握に重要な役割を果たす。 （例）ダブルバインドの解読
②　**視線・視線行動**：自分の態度や感情を相手に伝える表現機能、会話の流れを調整する調整機能、相手に対する影響力を行使する統制機能、相手を観察して情報を把握する情報探索機能などがある。 （例）アイコンタクト
③　**身体動作**：姿勢や身振り手振りなどのボディ・ランゲージ（身体言語）。ボディ・ランゲージの役割として、感情の表出、意思の伝達、会話の流れの調整、会話内容の補足や理解の促進などがある。（例）うなずきやあいづち
④　**身体接触**：不安や孤独感、抑うつ、心身の痛みを癒す役割を果たす。 （例）タッチング、手当て、スキンシップ
⑤　**対人距離**：相手や場面に応じて距離を調整したり、一定の距離を保つことで、安心感を与える。（例）パーソナル・スペースの確保、親密距離・個体距離・社会距離・公衆距離を使い分ける
⑥　**準言語**：言語の意味や内容以外のもので、理解を促す役割を担う。 （例）声の調子、高さ、話す速さ、間の取り方、発声に伴うアクセント
⑦　**衣服・装飾品**：その人の趣味や好みが表れる。 （例）香水、衣服や化粧の派手さ加減、アクセサリー、頭髪の色
⑧　**環境**：環境を調整することで不安を取り除き、安心感を与える。 （例）家具の配置、照明の強さや色、温度、雑音への配慮
⑨　**時間**：長時間の拘束は緊張感の原因になりやすく、短時間の対応は不信につながりやすい。適度な時間（30～60分以内）は対人コミュニケーションを促進する。（例）時間の配分や使い方、時間に対する感覚と意識の調整

うなとき、言語情報と非言語情報とが矛盾したダブルバインドの状態にあることにカウンセラーは気づいて対応する必要がある。また、カウンセラーは自らの言動と行動がダブルバインドにならないように気をつけるべきである。なぜなら、この現象は、受けた相手に混乱や不安をもたらすからである。

視線に関しては、相手を見つめすぎると余計な緊張感を与える原因となるが、おろそかにすると心理的な距離は縮まらない。カウンセラーは適度なアイコンタクトで、「あなたの気持ちを理解していますよ」という好意を眼差しに込めてクライエントに返していきたい。身体接触についても、必要以上の接触は不愉快の原因となるので注意を払い、適度な対人距離を保つことが大切である。人は安心感を得るためのパーソナル・スペースを保とうとするが、親密さの度合いによって、その距離は縮む。ホール（Hall, E.H.）は対人距離に関して、①ごく親密な間柄の親密距離（０～45cm）、②普段の会話をする際の個体距離（45～120cm）、公的場面で会話をする際の社会距離（120～360cm）、公的場面で聴衆との間にとられる公衆的距離（360cm以上）を示している[9)]。カウンセラーは、クライエントとの適切な距離を意識してかかわることが求められる。

そのほかにも服装などの身のこなしがあるが、カウンセラーはクライエントから信頼されるためにも清潔感のある誠実な印象の服装を心がけたい。また、子どもは化粧や香水、アクセサリーなどの小さな変化に敏感に気づきやすく、きついアイメイクや濃い口紅を怖がったり、強いにおいを嫌がる傾向にある。アクセサリーは誤飲の原因になるだけではなく、キラキラ光ったりユラユラ揺れるものが子どもの注意を散漫にさせることがあるため、外しておくほうが好ましい。

ところで、クライエントとの会話にどれぐらいの時間を費やすのが適切か、悩むカウンセラーも多いのではないだろうか。一般的には30分程度を基本とし、長くても60分以内を心がけるとよいだろう。また、面接などで部屋を用意するときには、部屋の照明の明るさや室温、騒音の程度などにも配慮し、クライエントが落ち着いて話せるような環境を用意するように心がけてほしい。

ワーク①

個体距離（45～120cm）、社会距離（120～360cm）、公衆距離（360cm以上）で友達と向き合ってアイコンタクトをとり、そのときの気持ちを共有しましょう。

ワーク②

椅子にいろいろな姿勢で腰かけて、あなたの態度をどのように感じたか友達に聞いてみましょう。

ワーク③

以下の準言語で自分の気持ちを表現すると、相手がどのような気持ちになるか考えてみましょう。

- 声の調子を低くして覇気（はき）なくしゃべる。または、かん高い声でしゃべる。
- 相手を急かすような早口なしゃべり。または、間をとりすぎるしゃべり。
- 声の調子や高さ、アクセントの強弱などをまったく使わずしゃべる。

2 —— カウンセリング・スキル

(1) 受　容

ロジャーズによると、クライエントは常に「不一致の状態にあり、傷つきやすく、不安な状態にある」という。そこで受容の果たす役割は、クライエントの心に安心を与え、心理的安全を保つことである。よい部分も悪い部分もすべてありのままを受け入れられることで、クライエントは自己と向きあう準備状態を形成するのである。受容的態度については前章で学んだが、ここでは保育現場で使える受容的技法について、いくつか紹介する。

① ホールディング（Holding）

イギリスの精神分析家で小児科医でもあったウィニコット（Winnicott, D.W.）が用いた概念で、日本語では、「抱えること」「だっこ」ということばで表現される。

保育場面でも、不安を抱えた子どもがパニックや、ひどいかんしゃくを起こすケースが見られる。そのようなとき、パニックで暴れる子どもを保育者が母親のように抱きかかえ、「大丈夫だよ」とやさしくことばをかけ、身体をさするなどし、安心感を与えてやるとよいだろう。また、肌触りのよい毛布や、お昼寝のときのお気に入りのタオルケットなどを用いて包み込むことで、直接、肌を通して温もりと安心感を与えることができる。

② ジョイニング（Joining）

家族療法で用いられる技法で、受容、共感、解釈などの機能をあわせもっている。相手を尊重し、その生活スタイルを受け入れ、支持し、溶け込んでいき、クライエントや家族のパターンをカウンセラー自身も体験し模倣することを通して、治療システムを構築していく方法である。

たとえば、給食の時間に食べ物をよくかまず、口につめるだけつめ込む子どもがいるとする。一見すると、この子どもは病的な状態に見えるだろう。しかし、保育者が子どもの現状を尊重し、受容しながらかかわるうちに、その子どもが朝食を食べずに登園していることがわかってくるかもしれない。このようなとき、保護者にもそれとなく園での子どもの状況を話し、家庭の様子を聞いてみるのがよい。そこから家族の生活スタイルが見えてくる。もしかすると生活に困窮している家庭かもしれないし、多忙を極めた家庭かもしれない。まずは、その家族の現状を受け入れることで、朝食を食べずに登園する子どもの家庭環境を改善する方法を考えることができるのである。

(2) 繰り返し

繰り返しの技法とは、相手のことばを単語や短文に要約して言い返す技法である。この技法を使うことで、クライエントは「自分の話をきちんと聞いてもらえている」「自分は理解されている」という気持ちを抱くことができ、自分の内的世界を整理することができるのである。

(3) 明確化

明確化の技法は、クライエント自身が薄々気づいているのだけれども言い出せないでいる内容を、相手に代わって明確なことばで表現する技法である。

技法としては、「感情の明確化」「意味の明確化」「事実の明確化」の３種類があり、クライエントの気持ちを明確化させることを通して、クライエント自身が自分の気持ちに対決する気持ちをもつようになる。しかしながら、カウンセラーとクライエントの間に、十分なラポール（信頼関係）が形成されていない段階で、明確化の技法を用いるのは危険である。それは、クライエントに心理的な抵抗を与え、心を閉ざす原因になりかねないからである。

(4) 支 持

支持は、相手に自己肯定感や自尊感情をもたせるための技法である。カウンセラーがクライエントの言動に「I think so！（私もそう思う）」の気持ちを表現することで、自己肯定感や自尊感情を高めさせるとよいだろう。

しかし、なんでも無責任に支持してよいわけではなく、クライエントの話をよく傾聴し、支持できる内容かどうかを吟味する必要がある。特に、自殺念慮や、相手に危害が及ぶ内容の企てなど、命にかかわる内容については支持してはならない。

(5) 質 問

クライエントの思考・行動・感情やクライエントの現状と過去について問いかける技法である。質問の方法には、「YES・NO」で答えることのできる「閉ざされた質問」と、「YES・NO」だけでは答えられない「開かれた質問」がある。閉ざされた質問と開かれた質問をほどよく使うことで、クライエントとのコミュニケーションの円滑化を図ることが可能となる。

質問技法を使用するときには、「何を（What）」「誰が（Who）」「どこで（Where）」「いつ（When）」「なぜ（Why）」「どのように（How）」を意識するとよいだろう。これを５Ｗ１Ｈの技法という[4)]。

3 —— カウンセリング技法のワーク

ここでは、これまで学んだカウンセリング技法について、ワークを行いながら実践的に理解していく。

ワーク1　受容技法

- **所要時間**　7～10分程度
- **ねらい**　リレーション（信頼関係）づくり
- **受容技法のポイント**

「なるほど」「そうですか」「それから」などの言語によるコミュニケーションを取りながら、うなずく、相づちを打つ、適切な表情を加えるなどの非言語によるコミュニケーションを取り入れる。

- **ワークの方法**

① 2人1組になり、どちらか一方の人がカウンセラー役をし、もう一人はクライエントの役を演じる。
② クライエントは提供された話題について、支障のない程度で語る。
例）最近、困っていることや実習などでうまくいかなかったこと、または実習前の不安など
③ カウンセラー役は、クライエントの話に受容技法を用いて傾聴する。
④ 1分30秒が経過した時点で、役割を交代し、②③の作業を繰り返す。
⑤ 両方の役割を演じ終えたら、相互にフィードバックしあう。時間は、1人2分程度で、聞き手は受容技法で傾聴する。

- **フィードバック（ふりかえり）**

① カウンセラーには話しやすかったですか。
② 聞いてもらったという満足感はありましたか。
③ 自分を受け入れてもらったという感じがありますか。

ワーク2　繰り返し技法

- **所要時間**　7～10分程度
- **ねらい**　クライエントの自問自答を促し、心を整理できるようにする。
- **繰り返し技法のポイント**

コミュニケーションを円滑にするためには、相手の話したことばを一語一句まねて、オウム返しにならないよう注意すること。

【繰り返し技法の例】
・「迷っているのですね」（単語の繰り返し）
・「お子様の様子が気になっているのですね」（短文の繰り返し）
・「自分は親として、お子様をきちんと愛せているかどうか判断がつかないというわけですね」（要点の繰り返し）

● ワークの方法

① 2人1組になり、カウンセラー役とクライエント役を決める。
② クライエントは、支障のない範囲で自分自身の問題を語る。語りの時間は1分30秒とする。
例）人間関係、仕事のこと、卒業後の進路など
③ カウンセラー役は、適宜、繰り返し技法を使って応える。
④ 1分30秒が経過した時点で、役割を交代し、②③の作業を繰り返す。
⑤ 両方の役割を演じ終えたら、相互にフィードバックしあう。時間は、一人2分程度で、聞き手は繰り返し技法で傾聴する。

● フィードバック（ふりかえり）

① 聴いてもらったという感じがしましたか。
② 自分の考えや気持ちが整理されたという感じがありましたか。

ワーク3　明確化の技法

● **所要時間**　15～20分程度

● **ねらい**　意識が高いほど、人は現実的な判断と行動が取れるようになるため、意識の幅を拡大する。

● **明確化の技法のポイント**

クライエントの話したことが「感情の明確化」「意味の明確化」「事実の明確化」の3種類のどれに適しているかを意識して、クライエントの気持ちを明確化する。

【明確化の技法の例】
・「要するに、お子様を強く叱りつけたことを、後悔されているのですね」（感情の明確化）
・「要するに、お子様を育てていくうえで、強い叱責はよくないとお考えになっているわけですね」（意味の明確化）
・「つまり、あなたはお子様を強く怒鳴りつけたということですね」（事実の明確化）

● ワークの方法

① 2人1組になり、カウンセラー役とクライエント役、観察者を決める。

② クライエント役は、支障のない範囲で自分自身の問題を語る。語りの時間は2分とする。

③ カウンセラー役は、適宜、明確化の技法を使って応える。

④ 観察者はやりとりを観察し、カウンセラー役が明確化の技法を使えているかを確認しながら、気づいたことをメモに取る。

⑤ 2分が経過したら、カウンセラー役とクライエント役は役割を交代し、②③の作業を繰り返す。観察者は継続して両者のやり取りを観察する。

⑥ 4分が経過したら1分間の評価の時間を取り、観察者は評価をフィードバックする。

⑦ ②～⑥までの作業を1セッション（5分）とし、3回実施する。必要に応じて、下記のローテーション表を使用するとよい。

⑧ すべての役割が終了したら、3人でフィードバックしあう。時間は一人1分程度とし、聞き手は傾聴する。

【ローテーション表】

セッション	A（　　　）さん	B（　　　）さん	C（　　　）さん
1回目（5分）	①カウンセラー（2分） ②クライエント（2分）	①クライエント（2分） ②カウンセラー（2分）	①観察者（2分） ②観察者（2分）
	フィードバック……観察者からの評価（1分）		
2回目（5分）	①クライエント（2分） ②カウンセラー（2分）	①観察者（2分） ②観察者（2分）	①カウンセラー（2分） ②クライエント（2分）
	フィードバック……観察者からの評価（1分）		
3回目（5分）	①観察者（2分） ②観察者（2分）	①カウンセラー（2分） ②クライエント（2分）	①クライエント（2分） ②カウンセラー（2分）
	フィードバック……観察者からの評価（1分）		
全体のフィードバック（3分）	すべての役割を終了したら、3人でフィードバックしあう。時間は一人1分とし、聞き手は傾聴する。		

● フィードバック（ふりかえり）

① 明確化の技法を試みることができましたか。

② 「目からうろこが落ちる」という感じがしましたか。

③ 胸にぐっとくるような気づきはありましたか。

ワーク4 支持技法

● **所要時間**　18～20分程度

● **ねらい**　クライエントの自己肯定感や自尊感情を高める。

● **支持技法のポイント**

「大変でしたね」「それでよいのですよ」「あなたがそう思うのは当然ですよ」「私もきっとそうしましたよ」など、相手を支持し、励ますことばを使う。

● **ワークの方法**

① 3人1組になり、カウンセラー役とクライエント役、観察者役を決める。

② クライエント役は、支障のない範囲で自分自身の問題を語る。語りの時間は2分とする。

③ カウンセラー役は、適宜、支持技法を使って応える。

④ 観察者はやりとりを観察し、カウンセラー役が支持技法を使えているかを確認しながら、気づいたことをメモに取る。

⑤ 2分が経過したら、カウンセラー役とクライエント役は役割を交代し、②③の作業を繰り返す。観察者は継続して両者のやり取りを観察する。

⑥ 4分が経過したら1分間の評価の時間を取り、観察者は評価をフィードバックする。

⑦ ②〜⑥までの作業を1セッションとし、3回実施する。必要に応じて、下記のローテーション表を使用するとよい。

⑧ すべての役割が終了したら、3人でフィードバックしあう。時間は一人1分程度とし、聞き手は傾聴する。

【ローテーション表】

<table>
<tr><th>セッション</th><th>A（　　　　）さん</th><th>B（　　　　）さん</th><th>C（　　　　）さん</th></tr>
<tr><td rowspan="2">1回目
（5分）</td><td>①カウンセラー（2分）
②クライエント（2分）</td><td>①クライエント（2分）
②カウンセラー（2分）</td><td>①観察者（2分）
②観察者（2分）</td></tr>
<tr><td colspan="3">フィードバック……観察者からの評価（1分）</td></tr>
<tr><td rowspan="2">2回目
（5分）</td><td>①クライエント（2分）
②カウンセラー（2分）</td><td>①観察者（2分）
②観察者（2分）</td><td>①カウンセラー（2分）
②クライエント（2分）</td></tr>
<tr><td colspan="3">フィードバック……観察者からの評価（1分）</td></tr>
<tr><td rowspan="2">3回目
（5分）</td><td>①観察者（2分）
②観察者（2分）</td><td>①カウンセラー（2分）
②クライエント（2分）</td><td>①クライエント（2分）
②カウンセラー（2分）</td></tr>
<tr><td colspan="3">フィードバック……観察者からの評価（1分）</td></tr>
<tr><td>全体のフィードバック
（3分）</td><td colspan="3">すべての役割を終了したら、3人でフィードバックしあう。時間は一人1分とし、聞き手は傾聴する。</td></tr>
</table>

● **フィードバック（ふりかえり）**

① カウンセラーは支持技法を試みていましたか。

② クライエントは、気持ちを支持してもらえた感じがしましたか。

③ クライエントは、自己肯定感や自尊感情が高まりましたか。

ワーク5　質問技法

- **所要時間**　18～20分程度
- **ねらい**　①リレーションをつくる、②クライエントの現状や過去について理解する、③クライエントの洞察を促したり自己盲点に気づかせたりする。
- **質問技法のポイント**

「YES・NO」で答えられる質問（閉ざされた質問）と、「YES・NO」だけでは答えられない質問（開かれた質問）をほどよく使って、ねらいを達成する。

【質問技法の例】
・「外は寒いですか」（リレーションづくり）
・「お子様の様子が気になりだしたのは、いつ頃からですか」「これからどうするおつもりですか」など　（現状や過去についての理解）
・「お子様の様子が気になって仕方がないというのは、どういうわけですか」（洞察の促進や自己盲点に気づかせる）

- **ワークの方法**

① 3人1組になり、カウンセラー役とクライエント役、観察者役を決める。
② クライエント役は、ここ最近で嬉しかったこと、もしくは困ったことについて支障のない範囲で語る。語りの時間は2分とする。
③ カウンセラー役は、適宜、質問技法を使う。遠慮せずに聞き、クライエントが答えにくいことに関しては聞きすぎないように調節しながら問いかける（クライエントは、語りたくない内容は無理せず、答えすぎないようにする）。
④ 観察者はやりとりを観察し、カウンセラー役が質問技法を使えているかを確認しながら、気づいたことをメモに取る。
⑤ 2分が経過したら、カウンセラー役とクライエント役は役割を交代し、②③の作業を繰り返す。観察者は継続して両者のやり取りを観察する。
⑥ 4分が経過したら1分間の評価の時間を取り、観察者は評価をフィードバックする。
⑦ ②～⑥までの作業を1セッションとし、3回実施する。必要に応じて、下記のローテーション表を使用するとよい。
⑧ すべての役割が終了したら、3人でフィードバックしあう。時間は一

人1分程度とし、聞き手は傾聴する。

【ローテーション表】

セッション	A（　　　　）さん	B（　　　　）さん	C（　　　　）さん
1回目 （5分）	①カウンセラー（2分） ②クライエント（2分）	①クライエント（2分） ②カウンセラー（2分）	①観察者（2分） ②観察者（2分）
	フィードバック……観察者からの評価（1分）		
2回目 （5分）	①クライエント（2分） ②カウンセラー（2分）	①観察者（2分） ②観察者（2分）	①カウンセラー（2分） ②クライエント（2分）
	フィードバック……観察者からの評価（1分）		
3回目 （5分）	①観察者（2分） ②観察者（2分）	①カウンセラー（2分） ②クライエント（2分）	①クライエント（2分） ②カウンセラー（2分）
	フィードバック……観察者からの評価（1分）		
全体のフィードバック （3分）	すべての役割を終了したら、3人でフィードバックしあう。時間は一人1分とし、聞き手は傾聴する。		

● **フィードバック（ふりかえり）**

① 会話ははずみましたか。

② カウンセラーの質問の意図はなんだったでしょうか。

③ クライエントは、「よくぞ聞いてくれた」と感じる質問がありましたか。

引用・参考文献

1） 池田祥太郎『保育とカウンセリングとの出会い』IUP　1998年

2） 厚生労働省『平成27年版 厚生労働省白書』2015年

3） 國分康孝「カウンセリングの特質」國分康孝監修『現代カウンセリング事典』金子書房　2001年　p.4

4） 白川佳子「保育カウンセリングに求められる技法」冨田久枝・杉原一昭編『保育カウンセリングへの招待』北大路書房　2007年　pp.5－43

5） 坂本洋子「カウンセリングの種類」國分康孝監修『現代カウンセリング事典』金子書房　2001年　p.40

6） 公益社団法人全国私立保育園連盟ホームページ（http://www.zenshihoren.or.jp/）

7） 森川澄男「心理療法の種類」氏原寛・亀口憲治・成田善弘・東山紘久・山中康裕共編『心理臨床大辞典』培風館　1992年　pp.431－434

8） 國分康孝「ピアヘルパーとは何か」日本教育カウンセラー協会編『ピアヘルパーワークブック』図書文化　2002年　p.3

9） 上野徳美・岡本祐子・相川充編著『人間関係を支える心理学――心の理解と援助』北大路書房　2013年　p.25

●○● コラム ●○●

誰かに甘えたい子どもの気持ちの受けとめ方

訪問する園が多いときなどには、運悪く午睡前のタイミングで園にお邪魔することがある。たいてい、そのようなときに3～4歳くらいの子どもがそばにやってきて、「ねえ、誰のお母さん？ 呼んできてあげようか？」と訊き始める。困り果てて「誰のお母さんでもないよ」と話すと、「ふぅーん、お母さんじゃないんだ……。じゃあ、パジャマ着替えさせて」と、にっこり笑って甘え始める。そのやり取りを周囲の子どもたちの小さな耳と目が一斉にキャッチする。すると、われもわれもと子どもたちがやってきて、「ねぇねぇ、歯磨き手伝って」「お布団敷くの手伝って」「一緒にお昼寝しようよ」「ねえねえ、こっち来て」という具合になってしまう。

このようなことは、たいていどこの園でも午睡前に起こってくる。最初は不思議に思っていたが、どうやら子どもたちにはお母さんが恋しくなる時間帯があるのかもしれない。

毎日元気に登園してくる子どもでも、仕事に向かう母親と別れるときは少しさびしい気持ちになる。それでも気持ちを立て直して荷物を片づけ、午前中は友達や先生と元気よく活動に没頭する。お腹が減って、みんなとおいしい給食を食べて、ほっと一息つくのが午睡前。午前中の疲れとともに、ふと誰かが恋しくなってくる。「ねえねえ、誰のお母さん？」には、子どもたちの甘えたい気持ちがいっぱいつまっているのだ。そうだよね、甘えたくなるときだってあるよね。そのようなときには一度、子どもたちの気持ちを受け止める。そして、「Aちゃん、ひとりでお着がえできるかな？」「Bちゃん、歯磨き上手だね」「Cちゃん力持ちだから、先生お布団敷くところ見てみたい」など声をかける。

すると、どうだろう。たちまちみんな張りきって自分のことができてしまうのだ。「ねえ！ できるから見ててよ」「こっちも見て、見て！」「うん。先生見ているよ」

誰かが自分をしっかりと受け止めて見守ってくれるという経験の積み重ねが、子どもたちの心の成長には必要なのだろう。さあ、ぐっすり眠っておやつを食べたら、もうすぐお迎えがくるからね。

第7章 園・地域における専門家との連携による相談・支援

◆キーポイント◆

近年、家庭、地域、社会などの急激な変化を背景に、保育現場ではさまざまな問題が起こっている。そして、そのような問題は複雑多岐にわたり、従来の保育所や幼稚園、認定こども園の指導では対応することが困難な問題も発生している。

保育実践の場において、日々子どもたちとかかわる保育者は、子どもが表す行動の意味が理解しにくい場面や、保護者の対応に困惑する場面に出会うことが少なくない。そのような場面に出会ったとき、保育者と他職種の専門家がともに対応を考えていく一つの相談形態として、コンサルテーションがある。保育所や幼稚園、認定こども園が専門関係機関と連携しながら、子どもの将来を見据え、どのような援助・支援が可能なのかを検討することはきわめて重要である。

本章では、日々の保育をいっそう充実させるコンサルテーションや、地域における専門関係機関などの援助資源（リソース）との連携、その際の基本姿勢や留意点について学ぶことを目的とする。

第1節 ● 保育におけるコンサルテーションとは

1 ―― コンサルテーションとは何か

(1) コンサルテーションとは

コンサルテーション（consultation）は、精神科医のキャプラン（Caplan, G.）が地域精神衛生の概念のなかから確立させたものである。キャプランによると、「コンサルテーションは、２人の専門家（一方をコンサルタント〈consultant〉と呼び、他方をコンサルティ〈consultee〉と呼ぶ）の間の相互作用の一つの過程である。そして、コンサルタントがコンサルティに対して、コンサルティの抱えているクライエントの精神衛生に関係した特定の問題をコンサルティの仕事のなかでより効果的に解決できるように援助する関係をいう」[1]と定義している。

(2) 保育現場におけるコンサルテーション

保育現場におけるコンサルテーション（保育コンサルテーション）の場合、前述している２人の専門家というのは、コンサルタントのほうは精神医学、臨床心理学、社会福祉の専門家などを指し、コンサルティのほうは幼稚園教諭、保育士、保育教諭をいう。まず、保育場面でのコンサルテーションがどのように展開されるかを見てみよう。

たとえば、ある幼稚園の担任から心理臨床の専門家（カウンセラー）に、「一生懸命指導をしているにもかかわらず、うまくいっていない。自分のクラスの子どものことで困っている」と、悩みや問題を抱える子どもに対しての相談の依頼があるとする。ここでカウンセラーはコンサルタントとして、コンサルティである保育者から、どのような子どもがどのような問題を抱えており、これまでどのようなかかわりをしてきたのか、その結果どのようになったか、などについて詳しく聴かせてもらうことになる。

次にコンサルタントであるカウンセラーは、その相談内容から「見立て」を行う。カウンセラーの専門知識や臨床経験を通して、その子どもの「こころ」の状態や保育者やクラスメイトとのかかわりに対して、このような気持ちになっているのではないかというように、対象となった子どもの「こころ」の動きについて理解したことを伝える。

このように、その保育者が担当している子どもの心理面に関係したある特定の問題や課題について話しあいをしていくのである。そして、コンサルタントはコンサルティが子どもの悩みや問題をより深く理解できるように援助・支援し、なぜ子どもがそのような悩みや問題をもつに至ったのかを話しあいながら明らかにしていく。互いの話しあいのなかで、保育者は、「そういうことなら、こんな指導方法もある。幼稚園ではこんな手立てもありますよ」と主体的に考えることが可能になる。

コンサルテーションは、コンサルタントとコンサルティの相互扶助的なコラボレーション（協働）を通して、ある子どもや保護者を援助する方法を考えだす問題解決のプロセスである。つまり、コンサルタントはコンサルティを通して、当事者に間接的な援助を行う。しかし、実際にはコンサルテーションだけで対処できない事例がある。それらについては、地域にある専門関係機関を活用し、コンサルタントが保育所や幼稚園、認定こども園と専門関係機関をつなぐ役割を果たす。このように、保育コンサルテーションは、さまざまな問題に対して、よりよいサポートを促進するようなケア・ネットワークづくりをしていくことだといえる。

2 —— 保育コンサルテーションの意義

保育者にとって保育コンサルテーションは、悩みや心理的問題のある子ども・保護者を援助する方法として多くの意義がある。

(1) 保育者への援助を通した専門的なかかわり

専門関係機関への相談を勧めても保護者が気が進まないなど、なんらかの理由で専門関係機関に相談しない・できない子どもへの対応が可能である。悩みや問題を抱えている子どもやその家族の多くが、専門家に相談するとは限らない。その場合、保育者はコンサルタントとコンサルテーションをすることで、相談しない・できない子どもの「こころ」の悩みや問題に理解を深め、援助していくことが可能となる。また、子どもや保護者が、まず最初に相談するのは、担任などの保育者である。このような相談は保育現場にとって、通常の保育活動の一環であると見なされている。したがって、コンサルタントが子どもや保護者の相談を受ける保育者への援助を行うことは、自然でありかつ有効な援助となる。

(2) 早期対応

早期対応が可能である。保育者は子どもの悩みや問題に早く気づくことが可能な立場にある。子どもの悩みや問題が深刻化する前に、保育コンサルテーションに基づいたかかわりにより、早期によい方向に向かう場合がある。

(3) 体験の場

コンサルタントにとっても、コンサルティにとっても「体験の場」となる。心理臨床の専門家であるコンサルタントと保育の専門家であるコンサルティがともに問題に取り組むなかで、子どもの悩みや問題に対するかかわりを考える「場」が生まれる。この「体験の場」はほかの子どもが同じような悩みや問題に遭遇した際、その子どもに対してよりよい援助をすることが可能になるという予防的な効果がある。

(4) ケア・ネットワークの構築

悩みや問題のある子どもや保護者を援助するケア・ネットワークを地域に築き上げることが可能になる。子どもや保護者の悩みや問題に対して、保育者だけでは十分な援助・支援ができない場合がある。その場合、園内外の人的・社会的資源を活用して、子どもや保護者を支えるケア・ネットワークを築く必要が生じる。園長、副園長、主任、子育て支援担当、養護教諭などといった園内の人的資源はもちろんのこと、園外の人的・社会的資源である地域の教育相談機関、医療機関、福祉機関、司法機関と連携し、それぞれがどのような役割を担っていくのかを検討していくことが重要である。このようにして形成されたケア・ネットワークは、将来、子どもや保護者の悩みや問題の発生に対して、迅速に対応することが可能となり、さまざまなレベルでの予防的な効果がある。

第２節 ● 保育コンサルテーションの事例

保育コンサルテーションといっても、その内容は事例によってさまざまである。ここでは、保育現場で日常、経験することのないような不測の事態に陥った場合におけるコンサルテーション（危機介入コンサルテーション）と、クラス内で対応が困難な子どもがいる場合におけるコンサルテーションについて事例をあげる[※1]。

※１　ここで取り上げる事例は、保育コンサルテーションの理解を深めるためにいくつかの事例をおりまぜて構成したものである。

１ ―― 危機介入コンサルテーション――交通事故に遭遇したＡ幼稚園

Ａ幼稚園は遠足の際、園児の乗車するバスと大型トラックが衝突するという交通事故に巻き込まれ、楽しい遠足が惨事（さんじ）となってしまった。幸いにして、子どもたちは大きなケガもなく帰宅したが、この事故は子どもたちにとって、強い恐怖を伴うショッキングな体験となってしまった。

交通事故に巻き込まれた子どもたちのなかには、非常に落ち着きがなくなりイライラしたり、事故のことを考えてもどうにもならないとわかってはいても、何度も繰り返し思い出してしまったり、心のなかに穴があいたような無力感、空虚感を示したりした。また、車のエンジン音を聞くと過敏に反応してひどく驚いたり、恐怖のあまり車に乗ることができないなどの状況が見受けられた。

保護者は、その事故を引き起こしたものへの怒りや、幼稚園が行ったその後の対応への不信感をあらわにし、「自分がその場にいれば、こんなことにはならなかったのではないか」など、自責の念が強く見受けられた。

このような状況のなかで、保育者も強い自責の念にかられており、幼稚園としてどのように対応すればよいか、園長から相談があった。

これを受けて、保育コンサルテーションの担当者は幼稚園へ出向き、園の全職員に集団コンサルテーションを実施することになった。その内容は、交通事故などに遭って心身ともに傷ついた子どもや保護者が示す心理的な特徴や、これから起こってくると予測される情緒的反応や行動、これからたどるであろう心理的過程の説明を行い、子どもの状態の理解を促進した。そして、周囲の大人による援助の基本的な目標やポイント、留意点を具体的に伝えた。また、当該学年の保育者を支持・支援するために、幼稚園内に園内サポートチームを発足させ、窓口となる保育者を決定し、その保育者に情報を集中させることにより、その人に現在の状況を聞けば全体が把握できる体制を組むことを提案した。さらに、子どもや保護者には24時間の電話相談の情報提供、医療機関、相談機関への紹介が可能であることを伝えた。

最後に、保育者が不安に感じていること、困っていることについて語ってもらいながら、保育者やコンサルタントとともに、具体的な対応の検討や提案をし、幼稚園における日常の保育活動のなかで可能な子どもへのサポートを検討した。

このようなコンサルテーションを通して、保育者はサポートチームを中心に協力体制を固めた。そして、保育者一人ひとりが、子どもたちの表出している行動やサインを「ことばにならない子どもの声」として敏感にキャッチし、ていねいで細やかな対応や配慮を行った。

その後、保育者からは、「なにかあればすぐに相談できると思って、安心して子どもにかかわれたことがよかった」とのコメントが寄せられた。

2 —— 定期的・継続的コンサルテーション ——対応が困難な子どもを担任するＢ先生

ある幼稚園のＣさん（５歳男児）について、担任のＢ先生から相談の依頼を受けた。Ｃさんは、いつもイライラした様子で落ち着きがなく、まわりの子どもを突然たたいたり蹴ったりなど、暴力的な行動を繰り返していた。そのことをＢ先生がしかると、Ｃさんは反抗的な態度を取ることも少なくなかった。こうした状況のなか、まわりの子どもたちは、「Ｃさんと一緒に遊びたくない」「たたかれるからイヤだ」と、Ｃさんを避けるようになりつつあった。Ｂ先生によると、Ｃさんだけでなく、まわりの子どもへの対応についても困っている、と困惑された様子であった。保育コンサルテーションの担当者は、コンサルテーションの場を設定してＢ先生と出会い、さらに詳しく、Ｃさんやクラスの様子などを聴かせてもらうことにした。

コンサルテーション場面では、Ｂ先生の主訴（どんなことで困っているのか）を確認したうえで、その時点で考えられるＣさんの心理状態や行動の意味を話しあった。そして、Ｃさんの行動に関する記録をＢ先生の負担にならない程度に取ることを提案した。記録については、事実と推論を分けて記録するなど、記録を取るうえでのポイントを伝えた。

２週間後、２度目のコンサルテーションでは、記録を取っていくなかで、Ｃさんとまわりの子どもたちの様子について、Ｂ先生の気づいた点が具体的にあげられた。その内容は「早くタオルをかけてと否定的なことばかけをするよりも、具体的に『タオルをタオルかけにかけましょう』と言うと、少し素直に行動しました」「いつも月曜日の調子が悪かった」「行事などで１日のスケジュールが普段と違っていると調子が悪いので、予定が変更されるときは本人にあらかじめ伝えると、少し落ち着いているような気がします」「ある特定の弱い子にだけ手を出していることがわかったので、座席を離しました」などであった。

これに対して保育コンサルテーションの担当者は、まず、Ｂ先生がとても細やかに記録され、よく観察されていることを伝えた。そして、この時点で考えられるＣさんの心理状態をふまえ、Ｂ先生と現実的なかかわりを話しあい、日々の幼稚園生活において「うまくいっていることはそのまま続けましょう」と伝え、Ｃさんが少しがんばればできそうなことを確認した。

その後も複数回にわたり継続的に実施したコンサルテーションでは、ＣさんとＢ先生とのかかわり、Ｃさんの変化に伴うまわりの子どもの変化などについて記録をもとに確認した。望ましい変化については持続するように、うまくいっていることは続けるように、困難な点については望ましい方向に転じるように、対応策を検討していった。

その後、Ｂ先生は「毎日の保育のなかで周囲の保護者からの苦情もあり、その場その場でなんとかしなくてはならないという思いが強かった。それがとてもしんどかった。でも、記録をしたり、ここで相談しながらかかわりを考えることで、少し距離をもってＣさんとかかわることができた」とコメントした。

★問題が起きたとき、子どもの姿をよく観察し、記録を振り返ることで、解決の糸口が見つかることもある。

※写真と本文は関係ありません。

第3節 ● 園・地域における人的資源(専門家)と社会資源

1 —— 保育・教育

(1) 保育所、幼稚園、認定こども園のカウンセラー

保育所や幼稚園、認定こども園におけるカウンセラーの配置の実態は、未だ少ないのが現状である。

保育所、幼稚園、認定こども園のカウンセラーの園内における支援内容は、大きく3つある。一つは、保育所や幼稚園、認定こども園、保護者からの依頼や相談である。これは、子どもを観察し、アセスメントするなどの子どもへの支援である。もう一つは、個別面接や子育て講座の開催など、保護者に対する子育て支援である。最後に、保育者が自らの専門性を十分に発揮できるよう保育コンサルテーションを実施することである。

(2) スクールカウンセラー

1995(平成7)年に文部省(現在の文部科学省)によって、いじめや不登校、少年犯罪、児童虐待、校内暴力などの教育現場で深刻化する問題に対応するため、スクールカウンセラー事業が開始された。現在、全公立の小・中学校へのスクールカウンセラーの配置を目指し、教育相談体制の充実を図っている。今後、保育所や幼稚園、認定こども園との連携がよりいっそう増加することが予測される。

(3) 教育研究所(教育相談室)

都道府県・政令指定都市および各自治体の教育委員会が設置している。相談対象は、幼稚園児から高校生までの幼児や児童生徒およびその保護者である。相談員は、教育の専門家や、心理専門職として公認心理師、臨床心理士などがいる。

(4) 青少年センター

各自治体の教育委員会が設置している。子どもの健全育成をめざし、青少年補導活動、非行相談に対する指導、援助活動を行っている。青少年センターには、教育の専門家や公認心理師、臨床心理士などがいる。

2 —— 福　祉

(1)　児童相談所

都道府県と政令指定都市には必置の施設である。中核都市にも設置できる。児童相談所は、18歳未満の子どものさまざまな相談やその家庭への援助活動や指導を行っている。また、必要に応じて児童を一時的に家庭から分離して保護する機能（一時保護）をもっている。児童相談所の相談は、養護相談、障害相談、非行相談、育成相談などがある。児童虐待への対応は、各自治体の家庭児童相談室との連携を図りながら、一時保護や立入調査が必要な事例の対応を行っている。児童相談所には、児童福祉司、児童心理司、児童指導員、保育士、言語聴覚士[※2]、医師などの専門家がいる。

※2　言語聴覚士（ST）
言語聴覚士（Speech Therapist：ST）とは、ことばによるコミュニケーションに問題がある人に専門的サービスやトレーニングを行う専門職をいう。

(2)　家庭児童相談室

各自治体の福祉事務所内に設置されている。相談対象は、18歳までの児童福祉や子どもの養育にかかわる相談である。また、児童福祉法の改正に伴い、2005（平成17）年度4月より、各自治体は児童の問題（虐待・要保護児童の事例）に関する一義的な窓口と位置づけられ、地域の中心的役割を担っている。児童虐待については、発生予防から自立支援までの一連の対応を関係機関とともに連携しながら対応を行っている。家庭児童相談室には家庭相談員が配置され、福祉事務所にはひとり親家庭等への相談に応じる母子・父子自立支援員が配置されている。

(3)　子育て世代包括支援センター（母子健康包括支援センター）

各自治体が設置している。子育て世代包括支援センターの業務として、母子保健サービスと子育て支援サービスを行っている。相談対象は、妊婦、新生児・乳幼児とその保護者である。乳幼児期の発達相談や育児相談を実施し、必要に応じて家庭訪問も実施する。子育て世代包括支援センターには、医師、保健師、看護師、社会福祉士、栄養士などの専門家がいる。

(4)　保健所

都道府県が設置している。保健所では、難病や精神保健などの保健指導、健康相談、身体障害児や慢性疾患児の療育相談、未熟児への訪問指導を実施している。保健所には、保健師、医師、公認心理師、臨床心理士などの専門家がいる。

(5) 児童家庭支援センター

児童家庭支援センターは、児童福祉施設の一つであり、地域の子どもと家庭の問題について、地域の実情に応じ、地域に根ざした相談支援を行う。

児童家庭支援センターは、基本的に児童養護施設や乳児院等の児童福祉施設に附置されている。地域からの相談のほか、児童相談所の指導措置の委託に基づく指導や関係機関との連絡調整なども行う。

(6) 児童発達支援センター

児童発達支援センターは、大別すると、「福祉型」と「医療型」があり、身体に障害のある児童、知的障害のある児童、または精神に障害のある児童（発達障害児を含む）を対象としている。その目的は、子どもの保育や療育、専門職による訓練を行い、心身の発達を促すことである。一般的に0歳から就学前の障害のある子どもが通所している。児童発達支援センターには、各種相談員と医師、保育士、公認心理師、臨床心理士、言語聴覚士、理学療法士※3、作業療法士※4などの専門家がいる。

(7) 発達障害者支援センター

自閉スペクトラム症（ASD）ならびに限局性学習症（SLD）、注意欠如・多動症（AD／HD）を対象としている。神経心理学的な観点から子どもの苦手なところ、つまずいているところを考え、個々のニーズに合った学習、活動など独自のサポートプログラムを展開し、SST（ソーシャル・スキル・トレーニング）※5なども実施している。

(8) 精神保健福祉センター

都道府県と政令指定都市が設置している。精神保健・福祉に関する総合的な窓口として相談を実施している。精神保健福祉センターには、精神科医、保健師、公認心理師、臨床心理士、精神保健福祉士などの専門家がいる。

(9) 女性相談センター（婦人相談所等）

都道府県、各自治体が設置している。ドメスティック・バイオレンスなどで一時的な緊急の保護や自立支援が必要な女性に対して相談を実施している。女性相談センターには、社会福祉士、公認心理師、臨床心理士などの専門家がいる。

※3 理学療法士（PT）
理学療法士（Physical Therapist：PT）とは、身体に障害のある人に、その基本的動作能力の回復を図るため、治療体操等の運動や電気刺激、マッサージ、温熱その他の物理的手段を用いてリハビリテーションを行う専門職をいう。

※4 作業療法士（OT）
作業療法士（Occupational Therapist：OT）とは、身体や精神に障害のある人に、その応用的動作能力や社会的適応能力の回復を図るため、手芸、工作その他の作業を用いてリハビリテーションを行う専門職をいう。

※5 SST（ソーシャル・スキル・トレーニング）
ソーシャル・スキル・トレーニング（Social Skill Training：SST）とは、社会生活を送るうえで円滑な人間関係を維持するスキル（技術）を得るためのトレーニングをいう。

3 —— 司　法

(1) 警　察

保育現場においては、子どもの安全という面でかかわりが深い。虐待の事例では、児童虐待防止法により、児童相談所所長等が児童の安全確認、一時保護、立入調査の職務執行に警察の援助が必要であると要請を受けた場合、事例に対する役割分担や対応方法を速やかに検討し、適切な援助を行っている。保育者は子どものケースカンファレンス（事例検討会議）で出会うことがしばしばある。また、被害者支援として、公認心理師や臨床心理士等にカウンセリングアドバイザーを委託して、少年相談員など専門的な助言を受ける体制を整備している。

(2) 家庭裁判所

家庭裁判所は、家事事件と少年事件を扱う司法機関である。家庭裁判所には、教育学、心理学、福祉学、社会学などの専門家として家庭裁判所調査官がいる。保育現場では離婚や虐待の事例で家庭裁判所調査官と連携をする場合がしばしばある。

(3) 子どもの人権相談

法務局や地方弁護士会などが協力して設置している。体罰やいじめ、虐待など、子どもの人権に関する相談を直接、受けつけている。また、子どもの人権オンブズパーソンといった、子どもの人権の擁護を中心に支援をしているところもある。

4 —— 医　療

(1) 園医（嘱託医）

保育所や幼稚園、認定こども園にとって、最も身近な医師であり、在園児の健康上の相談や連携をすることがしばしばある。医療機関との第一義的な窓口となる。

(2) 児童精神科

日本において児童精神科医として認定されている医師は多くない。子どもの精神科は非常に少ないというのが現状である。主に児童・思春期の精神的・情緒的な問題を相談対象とする。子どもの不安障害、統合失調症、うつ病、摂食障害、心身症、不登園、発達障害、てんかんをはじめとして、あらゆる種類の精神障害の診療をしている。

(3) 心療内科

心療内科は、身体の疾患のうち、発症や経過に心理的・社会的な因子が密接に関与する病気である心身症を主に対象とする。子どもは不安やストレスをことばで表現することのできない場合、身体化、つまり心身症という形でそれらが表れることがしばしばある。

(4) 子ども専門の総合病院

各自治体や民間が運営するこども病院や、こども医療センター、小児専門病院などがある。子ども専門の病院には、医師、看護師、医療ソーシャルワーカー[※6]、理学療法士、作業療法士、言語聴覚士、公認心理師、臨床心理士などの専門家がいる。

※6 医療ソーシャルワーカー（MSW）
医療ソーシャルワーカー（Medical Social Worker：MSW）とは、病院等の医療現場で、患者の生活に関する相談や福祉サービス等の仲介を行う専門職をいう。

5 —— 民間の社会資源（親の会・子育てサークル）

親の会は、障害のある子どもの親が、交流・情報交換・学習などをする目的で組織している。全国的な組織もあり、国や地方自治体への制度改善などの要望活動も行っている。一方、子育てサークルは、地域のなかで子育てする親が自主的に集まって、交流や情報交換などを行っている。保護者は自分の住んでいる地域にこのような会やサークルがあることで、子育ての苦悩を同じ仲間とシェアリングすることができ、孤独な子育てから解放される。

第4節 ● 園・地域における専門家との連携

1 —— 保育者の連携に対する基本姿勢

保育所や幼稚園、認定こども園、専門関係機関は、それぞれがもっている援助資源を、子どもの十全たる成長や保護者へのよりよい子育て支援に向けていかに活用していくかという視点に立って協働して取り組む必要がある。

保育者は、効果的な連携を図るために、保育所や幼稚園、認定こども園の実態に合わせて、専門関係機関とどのようにかかわることが可能かについて情報収集をする必要がある。また、管理職を中心として組織的に園内の状況を必要に応じて専門関係機関へ情報提供し、理解を深めてもらう努力が必要である。

これらの活動を通して、保育所や幼稚園、認定こども園は、専門関係機関との協力関係を構築し、協力への要請に応えてもらいやすいような環境構成に配慮する必要がある。

2 —— 園内・地域における専門家との連携を図る際の留意点

子どもや保護者の相談や支援に適切に対応するためにも、園内や地域の社会資源と連携を図っていくうえで、いくつか留意しなければならないことがあるので、次にあげておく。

① 子どもや保護者を指導するのではなく、あくまでも子どもや保護者を主体として、子どもや保護者を支援するということを基本的姿勢とする。

② 保育者は個人情報の保護に十分配慮し、守秘義務を遵守して連携する。

③ 園内で（個人・組織として）できること、できないことを見極める必要がある。園内でできないことは、管理職を中心に各専門関係機関を活用する。円滑に連携を進めるためには、園内に専門関係機関とのコーディネーターを配置することが望ましい。

④ 各専門関係機関の窓口（キーパーソン、コーディネーター）を明確にし、顔と顔が見える関係性を大切に、日常的にかかわることを心がける。

⑤ 連携を実施する際は、連携会議・ケースカンファレンスの目的を明確にし、連携の具体的方法を相互に検討し、共通理解を図る。

⑥ どのような専門関係機関にどのような人材がいて、その人、機関の役割、機能はどのようなものかを互いに共通理解し、協働的に子どもや保護者を支援する。

3 —— 保護者に専門家を紹介する場合の留意点

保育者が子どもや保護者を専門関係機関に紹介する場合も、慎重な配慮が必要である。まず、大切なことは、保護者が「○○先生が勧めるのであれば、一度、専門関係機関に行ってみようかな」と思うような関係性を日常から構築することである。このような関係性がなければ、保育者が子どもと保護者のためにと思って専門関係機関を紹介したことが、逆に関係性を悪化させる場合がある。

保護者との関係性が構築されていない場合、「うちの子をそんなふうに見ていたのか」と腹立たしい感情を示されることもあるため、保護者の感情へ配慮することはきわめて重要である。さらに、保護者は「うちの子は園で面倒を見てもらえないということですね」など、見捨てられたと感じる場合がある。保護者の見捨てられ感に配慮し、見捨てるのではなく、ともに子どもにとって望ましいことを考えましょう、という保育者の姿勢を示すことが大切となる。また、いつ、誰が、どのような形で専門関係機関を紹介するのかということを園内でよく検討したうえで、紹介する必要がある。

参考文献

1） 山本和郎『コミュニティ心理学―地域臨床の理論と実際』東京大学出版会　1986年　p.90

●○● コラム ●○●

カウンセリングとコンサルテーション

同じ相談でもカウンセリングとコンサルテーションはそれぞれ特有の“関係性”のなかで相談が展開されていく。その“関係性”からカウンセリングとコンサルテーションの違いについて考えてみよう。

● カウンセリングの関係性

カウンセリングはクライエント（相談者）とカウンセラーとの二者関係を軸として展開される。そこではクライエントとカウンセラーとの間でつくられた特別で非日常的な人間関係を確立していく。この関係性を基盤として、カウンセラーはクライエントの個人的な問題を扱い、クライエントが自分のもてる力を十分に発揮できるよう支援する。

カウンセリングの関係性を理解するためには、「つくられた」「特別な」「非日常の」ということが重要なポイントとなる。「自然な」「特別ではない」「日常の」関係性では満たされない部分を埋めていくプロセスが、カウンセリングにおける関係性といえる。

● コンサルテーションの関係性

コンサルテーションにおける関係性は、大きく３つの特徴がある。

まず一つ目は、コンサルタントがコンサルティにとって対応が困難な子どもに対して、直接的な援助を行うことは少ない。コンサルタントはコンサルティと、その子どもへのかかわりを考えていくなかで、臨床心理学的な理解の視点を提供し、間接的に子どもを援助する。

二つ目は、コンサルティ自身の個人的な悩みを扱ったり、人格的な成長をめざす場ではない。コンサルテーションは課題中心であり、コンサルティのもっている力や知識、スキルを有効に活用できるようにすることを目標としている。

最後に、コンサルテーションで提案されたかかわりについて、それを実施するか否か、という最終的な選択権はコンサルティにある。コンサルテーションの関係性は、相互主体的で自由な意志に基づいており、責任はコンサルティにある。

両者の違いは、アプローチの違いである。困難を抱えた個人への援助をめざすという点では、同じ目標をもっているといえる。「自然な」「特別ではない」「日常の」世界で満たされない部分を、非現実の関係性のなかで展開されるのがカウンセリングであるとすれば、現実の関係性のなかで展開されるのが、コンサルテーションであるといえる。

第8章 保育者の専門性と相談活動

◆キーポイント◆

保育者の専門性とは、保育士や幼稚園教諭の資格をもっていることだけではなく、日々の園生活のなかで子どもの発達を支援し、保護者の育児を支援できるための知識・技能と倫理観に支えられた判断にある。本章では、この点をふまえながら、第1節では、日々の保育実践とさまざまな保育・教育相談の関係が、専門の心理カウンセラーが相談室で行う相談と異なる点について考える。第2節では、相談時の倫理について考える。そして第3節では、小学校をはじめとする地域での連携のあり方について考えていくことにしたい。

第1節 ● 保育者の専門性と保育・教育相談

1 —— 専門性としての「出会い」と「判断」

これまでの章では、保育・教育相談を行うにあたって、その見方や考え方としての相談の理論や保育・教育相談の技法について順に考えてきた。第7章で論じられているように、保育・教育相談は、保育者が園で相談活動を行う場合と、巡回相談等で訪問する保育所、幼稚園、認定こども園のカウンセラーなど外部の専門家が園と連携して相談やコンサルテーションを行う場合がある。本章では、主に保育者が行う保育・教育相談に焦点をあてて考えていく。

保育者には、日々の保育を行うだけではなく、保護者の意向を受け止め、子育ての不安や課題を、家庭と園の生活の連続性をもって、ともに考えていくことが求められている。

保育所保育指針にも明記されているように、保育者は、「保育所の役割及び機能が適切に発揮されるように、倫理観に裏付けられた専門的知識、技術、及び判断をもって、子どもを保育するとともに、子どもの保護者に対する保育に関する指導を行うもの」である。つまり、専門家としての保育者に求められるのは、その道の知識と技能だけではない。それらの知識や技能を個々の具体的な状況のなかにおいて、子どもや保護者、同僚とやり取りしながら使う判断にこそ、その専門性がある。子どもや保護者の課題を共有し、解決の糸口や支援の方法を模索してかかわっていけることが大切である。つまり、日々の保育において、たとえば手遊びや絵本、鬼遊びでも、種類や内容を数多く知っていることや子どもとかかわるための技法は必要であるが、それを今、この目の前の子どもの興味関心や保育の流れのなかで状況に応じて選べることが最も大事だろう。保育・教育相談においても、さまざまな支援を必要とする子どもの特徴や発達の道筋についての知識、保護者とのよくある相談事例についての知識、さまざまな保護者との面談のための相談技法、発達課題に応じた保育の場での支援方法を知っていることが基本である。そして、カウンセリング・マインドをもつことも重要である。

しかし、それらの知識や技能を個々の課題にあてはめられるように研修さえすれば、相談の問題が解決できるというものでは決してない。また、相談を担当する者が単独でなんとかしようとして解決できるものでもない。保育者には、子どもや保護者の発達を考えて模索していく、発見の道筋における同行者としての姿勢と専門性が必要となる。

保育・教育相談は、子どもや保護者の発達課題、あるいは子ども間や保護者間のトラブルなどの複雑な課題について、保育者がその子や保護者に出会い、ともに考えながらかかわっていく継続的なプロセスである。これが、いわゆる心理臨床において、相談室で限られた時間に相談を行うカウンセラーとクライエントとの関係と大きく異なる点である。だからこそ、たとえば、子どもにとって望ましいことと保護者の要求とのジレンマに立たされ、悩み多き状況を生む。そして、保育者側も、スムーズな展開が見えないと、専門家として未熟であるのではないかととらえがちである。しかし、日々の保育実践の場で子どもとともに過ごしている保育者だからこそ、揺れ動き悩むのである。ここにこそ、保育者が相談を行う保育・教育相談の専門性がある。子どもをはぐくむことを保護者とともに引き受けようとする姿勢が、信頼の絆（きずな）を形成する。悩みをもつのは相談する側だけではなく、相談される側もまた悩み、複雑な問題を判断していくのである。

「出会う」とは、自分の思いの枠を抜け出て、新たなものと会うことである。保育者が保育実践の場で子どもや保護者と出会い、そこで生じた葛藤とジレンマの解決の糸口を見つけていくことが、保育・教育相談といえるだろう。ここでは相談をする側と受ける側双方に葛藤やジレンマが生じる。もちろん保育者側が動揺していては相談する側も落ち着けるはずがない。その意味では、落ち着いて相手の立場を尊重して話を聴くなどの技能が必要である。しかし、これがベストという相談の方法は一つではない。だからこそ、園として園長や先輩に相談したり、自分の子どものとらえ方や保護者との関係について、ほかの見方を出してくれる同僚とともにカンファレンスしていくことも重要になる。

2 ――「その子」・「その親」理解としての省察

保育者の専門性をプロセスで考えると、「計画・立案の専門性」「実践の専門性」「振り返りの専門性」という3つの専門性を考えることができる[3)]。

相談の根底には、誰かが問題を抱えていることが前提にある。その問題は子どもにとってどのような意味をもつか、誰が誰のどのような問題として認識しているかを考えることが重要である。

たとえば、多動傾向があり落ち着いて一つの活動に集中できない子や他児に比べて飲み込みが遅い子は、保育者や保護者からは問題として見える。一方で、他児やその子自身はその状況を問題とは感じていないかもしれない。しかし、保護者や保育者がその状況を問題としてとらえるようなまなざしや行動を取るならば、他児にもその子を問題と感じさせてしまう二次的な問題を生み出すこともある。ある子どもの独自な行動傾向という一次的問題が、二次的な適応障害の問題を引き起こしてしまうのである。

また、気になる子どもや障害のある子どもの保育においては、保育者は常に次の段階へと目を向けがちで、計画実践に向かいやすく、振り返った場合にも遅れている部分に注目することが多い[3)]。このような状況でその子の保護者と相談を行うと、「どうしたらよいのか」と保護者や保育者が問題にしている面に注目した話しあいになりやすく、その子の全体像を見失いがちになる。その子はこの頃どうであったのかをプラスやマイナスではなく、事実として見ていく目が、保育・教育相談には重要である。

事例①　園がチームになってサポートする

保育所において多動傾向がある子どもが、3歳児検診で発達に遅れがあることを指摘された。保育者が専門医を受診するよう母親に勧めたところ、母親はそのことが受け入れられずに、以後その子どもの発達に関して保育者に語らなくなり、子どもについての相談が進まなくなってしまった。そこで担任保育者が園長に相談し、職員会議において、その母親や子どものことについて保育者全員で話し合ったところ、受診するよう言われたときの母親の気持ちに気づき、その子どもの課題をみんなでサポートすることを考えていくことになった。そして主任保育者が母親との対応の窓口になり、担任保育者はその子のよいところなどを中心に話し、母親の気持ちを受け入れていくように心がけたところ、信頼を回復していった[5]。

この事例では、子どもだけではなく、保護者も問題を抱えていたにもかかわらず、保育者が子どもの問題の解決にあせってしまったために、親の心情の変化や課題に気づかず問題が生じたことがわかる。親が保育者から責められたような気持ちになると、解決は図れない。むしろ複合的に生じる問題に目を向けられるよう省察し、連携を取っていくことが大事になる。

担任保育者の場合、日々自分とのかかわりが深いために「この子はこのような子である」とよくわかったつもりになって、子どもの問題を断定的に語ってしまうことがある。また、「あの子は○○である」とラベルづけをすることで距離を置いてしまう場合には、それ以上の子ども理解は成立せず、保護者との関係も難しくなる。子ども一般や保護者一般としての対応ではなく、私とかかわる「その子」「その親」は、今どのような状況にあるのかを日々理解して、保育・教育相談を受け、ともに考えていく。「その子理解、その親理解」という相談する者と相談される者の心理的な距離をもって、とらえなおしていくことが重要なのである。

事例②　保育の中での子どもの姿を保護者と共有する

筆者がある幼稚園で保護者に対する相談を行っていたときに、ある 3 歳児の母親から相談を受けた。その子は、家に友達を呼んでも自分のおもちゃは絶対に貸したがらず、友達の家では友達のおもちゃを手にすると、譲らずにトラブルになることが多く、母親が謝らなければならないことが多くて困っているという。その子は小さいときからとても我が強く、祖母や近所の人からも「この子を育てるのは大変ね」と同情されてきたという話であった。

そこで、幼稚園でおもしろい遊びを考えだして、他の園児を巻き込んで、協調的に遊ぶその子の姿を具体的な保育の出来事として紹介しながら、母親とともにその子の気持ちになって行動を考えていった。それによって、母親の子どもを見る目が変化していった。そのとき母親は、筆者に「今まで私に子どもの立場に立って考えるように言ってくれた人は誰もいなかったです」と語った。

母親は周りの人たちにも相談していたが、子育ての大変さに同情してくれることがなおさら、「大変な子を育てている私」という見方を母親自身のなかに強めていったのである。しかし、知的好奇心が旺盛であるその子が、保育の場でどのように生きているかという母親の気づいていない面をありのままに見ていくことで、母親の子どもを見る目は変わっていったのである。

「この子」の姿として保護者が理解していたつもりの姿をもう一度「その子」の事実として見ていくことで、保護者が子どもを見る目は変わることもある。保育者は多くの子どもを見ていることで、多様な面からさまざまな子どものよさをとらえることができる。問題を取り上げて語るのではなく、その子どもの存在とふるまいの意味を語り合っていくことが、「その子理解」につながっていく事例である。

3 ――「発達の危機」の理解と支援

子どもや保護者の発達をとらえるときに、年齢による発達過程と発達課題を知っていることは重要である。しかし一方で、保育・教育相談として、「その子」・「その親」の理解をとらえるには、どの年齢においても、人は「存在・能動性・相互性・独自性（自我)」という4つの根源的な欲求が周りの環境や関係によって阻まれているときに発達の危機に直面することになるという見方[6)]が重要だろう。この見方は、一人の子どもの内側にどのような能力や気質の課題があるのかということを問題にするのではなく、周りとの関係において今どのような関係性の危機が生じているのかという見方であり、実践の場で行われる保育・教育相談であるからこそ、大事にしたい視点である。

自分のありのままの存在が拒否されると感じている「存在の危機」、自分でなにかをはじめることに不安をもつ「能動性の危機」、他者と相互に理解したり打ち解けることのできない孤独感による「相互性の危機」、他者と異なる独自の道を歩むことが阻まれたり、また、その道を歩むことへの不安としての「独自性の危機」である。保育における相談の事態は、さまざまな子どもや保護者の事情があっても、根本的には子どもや保護者の発達の危機を聴き取りながら、子どもや保護者がその危機を超えていく力を自ら見出していくことを支援する過程である。

事例③　保護者が子どもどうしの関係に口をはさむとき

ある幼稚園に通う5歳の女児3人の間での出来事。サチさんとリエさんが仲よしで、1学期はよく人で遊んでいたのに、2学期になるとサチさんは次第にもう一人の友達のハルさんと2人で遊ぶようになっていった。そこでリエさんは、今まで声をかければいつも遊んでくれるサチさんが、ハルさんと遊ぶようになって自分のほうへ向かなくなっていったことに不満を募らせた。このことで、サチさんの親から保育者に「サチがハルさんと遊んでいるとリエさんが怒るので、サチが困っている。リエさんが嫌なら嫌と言うようにサチには言っているのだが」という話があった。すると、ほぼ同時期に「サチさんが困っているのに、リエさんのお母さんが気がつかないらしい」とハルさんの母親が他の保護者に話したことが、間接的にリエさんの母親の耳に入った。そのことで、「子どものことは子どもで解決していかないとと思っていたのに、こんなことをされるとリエにどう言っていいかわからない」とリエさんの親が泣きながら園に相談に来られた。保育者はじっくりその話を聴き「つらいですね。子どものことは子どものなかでと思っておられるお母さんの思いは私も同じです。園のなかでのリエさんのことはよく観ていますから」と伝えた。けれども、保育者は子ども同士の間には直接入らなかった。３人の子どもの行動と心の葛藤は続き、保育者も観ていてつらいとは感じたが、ここは時間をかけて見守っていくことにした。

出典：鍋島恵美氏より了解を得て引用（2000年）

保育者は、相談内容に応じて誰のどのような危機かを判断すること、長期的な見通しをもって子どもや保護者がその危機を自らの力で乗り越えていく姿を見ていくことも、必要である。相談からすぐに解決に導くことが必要な場合や、むしろ子どもや保護者を見守っていくことが育つ力を培っていく場合など、相談内容を適確に判断しながら、その関与を考えていくことが求められる。

第２節 ● 保育・教育相談における倫理

1 —— 倫理綱領

保育・教育相談を通して、保育者はさまざまな家庭の事情や子どもの情報を得ることになる。守秘義務があるのは当然であるが、保育者であり、保育臨床の専門家であるゆえに、保育・教育相談でも守らなければならないことがある。それらを文書化したものが倫理綱領であり、相談・支援にかかわる対人援助職の職能団体や学会がその規定を定めている。

ここでは、全国保育士会の倫理綱領を見てみよう※1。これは保育士の倫理綱領であるが、幼稚園や認定こども園においても共通する部分は多い。保育・教育相談においても、一つひとつの項目の意味を考えた相談と支援が求められる。特に個人情報の保護は、子どもや保護者との信頼の礎(いしずえ)となる。

※１　保育にかかわる倫理綱領
保育の研究については、日本保育学会等の倫理綱領があり、職能に関しては、臨床心理士会や臨床発達心理士会等が倫理綱領を定めている。

表８－１　全国保育士会倫理綱領（2003）

前　文

すべての子どもは、豊かな愛情のなかで心身ともに健やかに育てられ、自ら伸びていく無限の可能性を持っています。

私たちは、子どもが現在（いま）を幸せに生活し、未来（あす）を生きる力を育てる保育の仕事に誇りと責任をもって、自らの人間性と専門性の向上に努め、一人ひとりの子どもを心からと尊重し、次のことを行います。

私たちは子どもの育ちを支えます。

私たちは、保護者の子育てを支えます。

私たちは、子どもと子育てにやさしい社会をつくります。

（子どもの最善の利益の尊重）

1．私たちは、一人ひとりの子どもの最善の利益を第一に考え、保育を通してその福祉を積極的に増進するよう努めます。

（子どもの発達保障）

2．私たちは、養護と教育が一体となった保育を通して、一人ひとりの子どもが心身ともに健康、安全で情緒の安定した生活ができる環境を用意し、生きる喜びと力を育むことを基本として、その健やかな育ちを支えます。

（保護者との協力）

3．私たちは、子どもと保護者のおかれた状況や意向を受けとめ、保護者とより良い協力関係を築きながら、子どもの育ちや子育てを支えます。

（プライバシーの保護）

4．私たちは、一人ひとりのプライバシーを保護するため、保育を通して知り得た個人の情報や秘密を守ります。

（チームワークと自己評価）

5．私たちは、職場におけるチームワークや、関係する他の専門機関との連携を大切にします。

また、自らの行う保育について、常に子どもの視点に立って自己評価を行い、保育の質の向上を図ります。

（利用者の代弁）

6．私たちは、日々の保育や子育て支援の活動を通して子どものニーズを受けとめ、子どもの立場に立ってそれを代弁します。

また、子育てをしているすべての保護者のニーズを受けとめ、それを代弁していくことも重要な役割と考え、行動します。

（地域の子育て支援）

7．私たちは、地域の人々や関係機関とともに子育てを支援し、そのネットワークにより、地域で子どもを育てる環境づくりに努めます。

（専門職としての責務）

8．私たちは、研修や自己研鑽を通して、常に自らの人間性と専門性の向上に努め、専門職としての責務を果たします。

2 ――「子縁」を育てる倫理

「倫理」という言葉は、なじみのない難しい言葉であり、道徳と同じく守らねばならない堅い決まりのように思われるだろう。しかし、先の倫理綱領を見てもわかるように、これは、コミュニティの精神を描いたものである。和辻によれば[7)]、もともと「倫」は仲間の意味であり、倫理はわれわれがともに子育ての地縁コミュニティを形成していくための道しるべであるといえるだろう。子どもとの関係への責任だけではなく、家族、同僚、地域・社会に責任を負い、その関係のなかでのジレンマに向き合っていくことで、新たな関係性を生みだしていくものである。

保育・教育相談は、子どもや保護者という相手をクライエントとして、わかったつもりで治療する関係ではない。子どもにとってなじんだ日常の生活世界のなかで、その子どもや保護者と保育者という、ある一つだけの深い関係ではなく、園を中核にさまざまな親しい支援関係の輪をつくりだしていくことが求められている。日本は昔からヨコ関係と共感の文化としての「縁と察し」の文化があった。しかし、今その絆(きずな)が弱くなってきている。保育と保育・教育相談を通して、一人ひとりの子どもの理解と支援をしていくとともに、子縁機能をつくりだし、子どもの育ちのサポートネットワークをつくりだしていくことが、保育における倫理であるといえるだろう。これは問題をもつ子ども「について」支援するというだけではなく、その子どもや保護者と「ともに」育つ場のデザインを考えていく活動なのである。

第３節 ● 保育・教育相談を介した園内・園外との連携

1 ―― 同僚性とカンファレンス

保育・教育相談を担うのは保育者や保育所、幼稚園、認定こども園のカウンセラーであるが、その相談の内容を、同僚や関係機関の専門職など子どもや保護者にかかわる人々がともに検討していくカンファレンスの場をもつことで、支援の輪をつくりだしていくことが重要である。

医師や看護師は患者の症例から、弁護士は判例から学ぶように、福祉や教育の専門家は事例を通して学びあうことが必要である。個々の事例を中心にして、子どもの発達への理解を深めていくことが重要である。子どもや保護者の生の言葉や声をもとにした具体的な事例検討を通して、担当の保育者や保育所、幼稚園、認定こども園のカウンセラーだけではなく、他の保育者たちとともに自分の見方を振り返る場になる。この意味で保育・教育相談を実際に担当した者にとっては、自分の相談のあり方を見つめなおす場になり、またその事例を聞いた人にとっては自分ならばと考えることで代理経験を可能にしてくれる。そしてそれは同時に、園として何が大事なのかという園のビジョンを具体的な事例を通して学びあい、確立していくことでもある。

保育・教育相談は、主任や園長、担任保育者に任せて分業・分担していくのではなく、みんなで支え合い担い合って、園全体で育ちの場をつくっていくことが求められる。「同僚性」という言葉がある。これは園という同じ職場で働く同僚という意味だけではなく、保育への同じ展望をもって専門性を高めていく仲間という意味である。

同僚性を高めるためには、専門性において最も重要な内容である子どもの発達や保育の見方に焦点をあてた議論に重点的に参加できること、保育や子育ての複雑性や実践を具体的に語り考えながら、その相談のあり方を振り返ることができること、相談を保育者個人の能力の問題としてではなく、子どもに焦点をあてた議論ができること、相互に新たな事例を考えることを楽しみ、他者の関心や責任に配慮を払うこと、それによって知識や技能を互恵的に学び、信頼を得られるに十分なだけの頻度で議論できる会合を行う組織になっていることが必要である。

この意味で、保育・教育相談に従事する者は、連携によって学び合う力をもった「学びの専門家」であるということができるだろう。

2 —— 相談と連携を介した発達の連続性の保障

保育所や幼稚園、認定こども園で保育・教育相談を通した子どもや保護者へのサポートだけではなく、子どもの発達の連続性を考えると、小学校との連携や地域の専門諸機関との連携もまた不可欠である。保育所や幼稚園、認定こども園から小学校へは、保育所児童保育要録、幼稚園幼児指導要録、認定こども園保育要録※2を送付することが義務づけられている。しかし、その内容は紙面の関係や開示の面での制約もある。したがって、保育者と小学校の教師が就学に際して、あらかじめ、特に支援を要する子どもに対して、密な連絡を取って情報を共有しておくことが重要となる。

また、小学校に入学しても比較的目立つ問題がある子どもだけではなく、見落とされがちな問題についても情報交換が重要である。たとえば、園でも

※2　保育所児童保育要録・幼稚園幼児指導要録・認定こども園保育要録
文部科学省は、幼稚園から高等学校までにおいて、学籍ならびに指導の過程を記録することを義務づけている。次年度以降の指導に必要と考えられる配慮事項等も記入することになっている。

なかなか自己発揮できなかった子どもは、保育のなかでは意識して支援してもらうことによってその子らしく活動することができていた。しかし、小学校での集団生活では、一見おとなしくしているので問題がないように見えるが、実はその子の自分らしさや居場所をもてなくなって心理的ストレスをためている場合もある。このような点で、就学前、就学後に担当する保育者と教師が情報を共有しあう機会をもち、互恵的な関係をもつことが、子どもをサポートしていくために大事であるだろう。実際に、担当学年の教師と保育者で連絡協議会以外にそのような会をもっている地域もある。

その際に重要なことは、子どもの問題だけを伝えるのではなく、子どもの園でのそのままの姿や発達過程を語ることである。問題への事前の対処という視点ではなく子どもを包括的に受け止めることで、地域の子どもをともに育てていくために、保育所や幼稚園、認定こども園と小学校が連携していくという視点である。子どもの発達の連続性を保障していくことは、保育所や幼稚園、認定こども園で行った経験が小学校へと生かされていくことになり、子どもの自信や効力感を新たな場で育てていくためにも大事なのである。

そして、園内や小学校との連携だけではなく、園を超えて園間、あるいは外部の専門家をまじえて相談事例の検討から相互が学び合っていく研修等の場も重要である。

保育・教育相談は、やりがいや喜びとともに苦悩や葛藤などさまざまな感情を伴う仕事でもある。その感情を共感し、支えあうことを通して、子どもの傍らにある専門家として、子どもの最善の利益と発達の保障を求めていくことが、今、保護者、地域、そして社会から求められているといえるだろう。

引用・参考文献

1）秋田喜代美「子どもへの支援・保護者への支援」藤崎真智代・本郷一夫・金田利子・無藤隆編『育児・保育現場での発達とその支援』ミネルヴァ書房　2002年　pp.177－186

2）秋田喜代美「子どもの危機への支援」『発達』93号　2003年　pp.2－8

3）鯨岡峻「保育者の専門性とは何か」『発達』83号　2000年　pp.53－60

4）大場幸夫『子どもの傍らに在ることの意味　保育臨床論考』萌文書林　2007年

5）全国保育士会『全国保育士会倫理綱領ガイドブック』全国社会福祉協議会　2004年

6）津守真「保育の知をもとめて」『教育学研究』69(3)　2002年　pp.357－366

7）和辻哲郎『人間の学としての倫理学』岩波書店　1934年

●○●　コラム　●○●

保護者から苦情が出る時期と場

ベテランの園長先生と話をしていると、保護者からクレームがくるのは、「大きな行事の後などで、保育者がちょっとほっとしているようなときが多いのです」という話を聞いた。行事などを通して保護者が保育を見る機会があることで、心配をもっている保護者がその不安を高めたり、ちょっとした不満がクレームへの引き金になったりすることもある。また、保育者のほうの気持ちにゆるみが出たときに、そのような苦情が出やすいともいえる。

そして、そのようなことは悪循環を生みだすこともあるし、相互に信頼ができているときには苦情も出ずよい循環をもたらしてくれる。このためには、園として見通しをもって、あらかじめ保護者に子どもの１年間での育ちや葛藤がどのようなものであるかの情報を保護者会などで知らせておくことも、親とともに安心して子どもを見守っていくためには重要である。

この意味では、事後の相談だけでなく予防的対応もまた大事なのである。

第 9 章 基礎的対人関係のトレーニング

◆キーポイント◆

本章は、事例編に入る前に、「保育・教育相談」の基礎となる対人関係のトレーニングについて解説し、読者が自分で取り組めるように、さまざまな「エクササイズ」を用意した。実際にエクササイズを実施し、自分自身の体験について考える機会をもっていただくことをお勧めする。

第 1 節 ● 基礎的対人関係とは

1 —— なぜ対人関係のトレーニングが必要なのか

「保育・教育相談」は、その技術を机上で学ぶことによって即座に実行が可能であるような性質のものではない。それは、「保育・教育相談」がなによりも「人間関係」・「対人関係」であるからである。日常生活の中で、自分らしさを失うことなく、さまざまな対人関係に対処できて、はじめて「専門家」としてのトレーニングに参入することが可能となる。

したがって、「保育・教育相談」の学習にあたっては、次のような「二段構え」の図式を念頭におくことが必要だろう。

第 1 段階　基礎的対人関係（fundamental relationships）

↓

第 2 段階　援助的対人関係（helping relationships）

「基礎的対人関係」とは、「援助的対人関係の基礎となる、さまざまな対人関係のスキル」、「援助的対人関係」とは、「専門家としての支援の実践」を、それぞれ意味する。

2 —— 3つの対人関係

では、「基礎的対人関係」には、どのような「対人関係」が含まれているのだろうか。3つに分けて説明したい。

① 自分自身との関係（対自関係）

自分がどのような気持ちや考えをもっているかを振り返って明らかにすることであり、自分の内面で漠然（ばくぜん）と感じられている「思い」を明瞭な「ことば」にすることである。これは「内省性」とも呼ばれる。

② 一対一の関係（二者関係）

自分以外の一人の相手との間の対人関係のことである。

③ 3人以上の人物を含む関係（三者関係）

自分を含めて3人以上の人物から構成される集団の中での対人関係のことである。

以上、3つの領域のどれが「得意」であり、「不得意」であるかは、人によって異なるだろう。大切なのは、自分の特徴を自覚しておくことである。

第2節 ● 対人関係のトレーニングの実践

では、トレーニングをはじめよう。本節では、5つの「エクササイズ」を用意した。

エクササイズ① ——「私の選択」

●手　順

① 下記のワークシート「私の選択」を自分ひとりで記入する。

② ペアをつくり、自分の記入した「私の選択」について話し合う。

　1）まず、お互いが自分の選択と選んだ理由について話す。

　2）相手の選択について感想を述べる。

　3）話しあった感想を最後にまとめる。

③ 自分の記入した「私の選択」を使って、3人以上の「仲間グループ」をつくる。

④ 全行程の感想をまとめる。難しかったところはどこか、簡単だったところはどこか。

ワークシート「私の選択」[※1]

次の文章を読んで、自分に最も当てはまると思う項目に○をつけてください。

1．私の家が火事だ。他のみんなは外に逃げた。もし自分がひとつだけ家から持ち出せるとしたら、それは……

a．ペットの動物
b．気に入りの服
c．オーディオ機器
d．自分の日記
e．お金
f．その他（　　　　　　）

2．もし私が大金持ちだったら、私はお金を……

a．教育のために使う
b．旅行のために使う
c．自分が欲しいものを買う
d．友人のために使う
e．家族のために使う
f．その他（　　　　　　）

3．私が幸福を感じるのは……

a．両親が私のことを自慢に思ってくれるときだ
b．友人に好かれ、受け入れられたときだ
c．学校でよい成績をとったときだ
d．自分のことがよく理解できたときだ
e．計画していたことがうまく進んだときだ
f．その他（　　　　　　）

4．世界でひとつだけなにかを変えられるとしたら、私は……

a．すべての戦争を止めさせる
b．貧困をなくす
c．自分自身をもっとよい人間にする
d．不幸な友人を幸福にする
e．つらい思いをしている家族の誰かを幸福にする
f．その他（　　　　　　）

※1　引用・参考文献4）による。

●解　説

「複数の選択肢のなかから自分にふさわしいものを選ぶ」という行動は、最も単純な決断であり、最も単純な内省を必要としている。これ自体に困難を感じる人はあまりいないだろう。

だが、その後に続く２つのプロセスはどうだろうか。まず、自分の選択を、よく知らない相手にわかりやすく説明しなければならない。次に、自分の選択に基づいて、共通点をもつグループを自分の力でつくらなければならない。この２つについて「難しい」と感じる人がいたとしても不思議ではない。

「保育・教育相談」においては、「自分の思いや考えを相手にわかりやすく伝える能力」と「複数の相手との間につながりをつくっていく能力」が必要不可欠である。エクササイズ①は、そのための最も基礎的な練習なのである。

エクササイズ②　――「相手を受け入れられないのはどんなとき？」

●手　順

① 下記のワークシート「相手を受け入れられないのはどんなとき？」を読み、自分自身の例について記入する。

② 記入後、以下の点について考え、まとめる。

　１）自分が相手の話を受け入れられないのは、具体的にどんなときか。

　２）相手の話を落ち着いて聞けるようになるためには、何が自分に必要か。

※２　引用・参考文献５）による。例は筆者が作成した。

ワークシート「相手を受け入れられないのはどんなとき？」※２

相手の考え方や態度を受け入れることができないとき、次のような原因があるといわれています[5)]。次にあげる原因の一つひとつについて、自分自身の場合はどうか、考えてください。

１．相手に対して強い怒りや不快を感じているとき……自分が相手に対して強い怒りや不快を感じたときのことを思い出してみよう。そのとき、相手の言うことや行動をどのように受け止めたかを思い出してみよう。

例）ある保育士は、勤務態度について先輩に注意されたが、「一生懸命やっているのに」という思いが強く、先輩に対して強い怒りがわいてきた。そのため、先輩に指摘された内容がすっかり頭から消え失せてしまった。
あなたの例は？

２．自分に未解決の課題があるとき……まだ自分が解決していないと感じている課題はなんだろうか。それが話題になるとどんな気持ちになるだろうか。

例）ある幼稚園教諭は、口うるさい母親との関係に長年悩んでいた。担任を持ったクラスの母親が自分の母親のようにガミガミと子どものことで文句を言っているのを聞いて、なんて理解のない母親だろうと受け入れがたい気持ちがわいてきた。
あなたの例は？

３．不安を引き起こす話題について話し合っているとき……どんな話題になると自分は不安になったり、落ち着かなくなるだろうか。

例）ある養護教諭は、小学校時代にいじめられた経験があった。そのため、生徒がいじめられたという話を聞くと、冷静でいられなくなった。
あなたの例は？

４．自分が不安を引き起こす状況にいるとき……どんな状況で、自分は不安になったり、落ち着かなくなるだろうか。

例）一般に、はじめての場所、慣れない場所、知り合いの一人もいない場所、自分の実力が試される場所では不安と緊張が高まることが多い。
あなたの例は？

５．偏見……自分はどんな偏見をもっているだろうか。

例）「受け入れがたい奇妙な人」として偏見の対象になりがちなのは、自分とは価値観や文化が異なる相手や、自分とは外見や態度の異なる相手である。
あなたの例は？

６．相手が自分に不安や反発を引き起こすようなタイプである場合。

例）一般に、攻撃的な人、一方的に話す人、評価の厳しい人、口調のきつい人などは不安や反発を引き起こしやすい。また、自分と正反対の性格の人は、反発の対象となりやすい。
あなたの例は？

●解　説

保育者は広義の「対人援助職」に含まれるが、「対人援助職」において、一番大切な「道具」は「自分自身」である。

考えてみてほしい。大工さんは自分のカンナの「切れ味」や「癖（くせ）」についてすべてを知り尽くしている。どのように扱えば、自分のカンナが最善の働きをするか理解している。

同様に、もし「自分自身」が「道具」であるとするなら、私たちは自分の「特徴」や「長所・短所・癖」について、普段ぼんやりと意識している以上にしっかりと認識しておかねばならないだろう。これは、「自己理解」（self-understanding）または「自己覚知」（self-awareness）と呼ばれる。

エクササイズ②は、相手との関係が「ギクシャク」しやすいパターンをいくつか取り上げている。「自己理解」の参考になるだろう。

エクササイズ③ ――「イヤな気持ちにどう対処する？」

●手　順

① 下記のワークシート「イヤな気持ちにどう対処する？」を読む。

② エクササイズ「イヤな気持ちへの対処」を実施する。

※3　文献1）、2）、3）、6）、7）、8）を元に構成した。

ワークシート「イヤな気持ちにどう対処する？」※3

(1)　陰性感情

いわゆる「イヤな気持ち」は、陰性感情（Negative Feelings）と呼ばれる。代表的な陰性感情は、「不安」・「怒り」・「憂うつ」の３つである。

まず、自分の内面で何が起きているかに気づくことからはじめよう。

① 不安とは、こんな気持ちになることだ

・心配になる

・うまくいかないのではないかと気になる

・まわりの人にどう見られているか気になる

・悪く思われているのではないかと思う

・まずいことをしたのではないかと気になる

② 怒りとは、こんな気持ちになることだ

・イライラしてくる

・バカにされたと思う

・相手を許せないと思う

・こんなことあり得ないと、受け入れがたい気持ちが強くなる

③ 憂うつとは、こんな気持ちになることだ

・自分はダメだと思う

・何をやってもうまくいかないと思う

・自分の将来は暗いと思う

・なにもかもがおしまいだという以外考えられない

(2) 陰性感情の身体的表れ

陰性感情は、まず身体感覚の変化からはじまる。自分の中の微妙な変化への感受性を高めよう。

① 不安の身体的表れ

・胸がドキドキしてくる

・誰かがそばにいて自分に触れていてほしい

・暑くないのに汗をかく

・ソワソワしてじっとしていられない

② 怒りの身体的表れ

・頭にカーッと血が上る

・顔全体が熱くなる

・抑えられないものがこみ上げてくる

・身体が緊張し、たたいたり蹴ったりしたくなる

③ 憂うつの身体的表れ

・涙が出てくる

・眠ろうとしても眠れない

・食べようとしても食べられない

・口が苦くなる

・身体のエネルギーが切れて、何もできない感じがする

(3) 陰性感情への対処

自分の中の陰性感情に気づいたとき、試しにこんな方法で対処してみよう。

① 不安への対処

● 静かに座る・ゆっくり呼吸する

お腹と胸に手を当てて、ゆっくり息をお腹に吸い込んで、そして吐き出す。これをしばらく繰り返す。

● 自分自身への肯定的な語りかけ（Positive Self-Talk）

自分がホッとするようなことばを自分自身に言ってみよう。「大丈夫」「すべてOK」「きっとうまくいくよ」など。

● 気持ちの和む、肯定的なイメージ（Positive Image）の利用

自分の好きな人、好きなもの、好きな場所にいる自分のことを思い浮かべてみる。できるだけ具体的でいきいきしたイメージを自分のなかにつくる。

② 怒りへの対処

● 不快な身体感覚を緩和する

ゆっくりと深呼吸を繰り返す。肯定的なイメージを利用する。触ると気持ちよいものに触れる。

● 怒りから注意をそらす

20から数を逆に数える。最近見た愉快（ゆかい）な映画やテレビの一場面を思い出す。自分のまわりにある相手以外のものに注意を向ける。

● その場からいったん離れる

落ち着いたら戻ってくるとよい。離れている間に自分が落ち着けることをしておく。

● 準備しておく

どんな刺激が自分の怒りの「引き金」を引くのか、そのとき自分の中にどんな考えが浮かんでくるのか、落ち着いているときに考えておく。準備がしてあると対処しやすい。

③ 憂うつへの対処

ここでは、エリス（Ellis,A.）のＡＢＣモデルを参考にして、憂うつへの対処を考えてみよう。

Ａ、Ｂ、Ｃは、それぞれ以下のような意味をもつ。

・Activating Event　　きっかけとなる出来事
・Belief　　憂うつを招きやすい思考様式
・Consequence　　憂うつになるという結果

このモデルの要点は、「あなたを憂うつにするのは、出来事そのものではない。その出来事をあなたがどう考えるか、その考え方があなたを憂うつにするのだ」ということだ。例をあげて、練習してみよう。

例）校庭でバスケットを一緒にやろうとしたら、「お前みたいなチビはやってもムダ、ムダ」と言われた。
→「僕がチビだからダメなんだ」と考えると → 憂うつになる。
→ どんなふうに考えたら、憂うつにならないでいられるだろう？

例）先生に、「何度同じ間違いをやったら気がすむんだ」としかられた。
→「あたしはバカなんだ。頭が悪いんだ。いくら勉強してもムダなんだ」と考えると → 憂うつになる。
→ どんなふうに考えたら、憂うつにならないでいられるだろう？

例）日曜日、せっかく友だちと遊ぶ約束をしていたのに、待ち合わせの時間を１時間過ぎても、友だちは来なかった。
→ 「あー、嫌われてるんだー」と考えると → 憂うつになる。
→ 今度友だちと会ったとき、顔を合わせないようにしてしまう。
→ ますますイヤな気持ちになる。
→ どんなふうに考えたら、憂うつにならないでいられるだろう？

以上のように、「考え方を変えること」によって、憂うつな気持ちから逃れることができる。

(4) 憂うつを招きやすい思考様式

憂うつを招きやすい思考様式には以下のようなタイプがある[2)]。

① 全か無か思考（All-or-Nothing Thinking）

完璧でないと気がすまない。一度の失敗は、すなわち自分の「破滅」を意味するという考え方である。

② 過度の一般化（Overgeneralization）

うまくいかないことが一度あると、それをすべての場合に当てはめて考えてしまう。たとえば、映画に行こうと誘ったが断られたとき、「私は嫌われている」「私と映画に行こうと思う人は一人もいない」と思い込むなど。

③ 否定的な選択的知覚（Mental Filter, Disqualifying the Positive）

自分が達成したことや成功体験に目が向かず、失敗したこと、うまくいかないことばかりに注目してしまう傾向をいう。

以上、不安・怒り・憂うつへの対処について紹介した。実際には、自分に合った方法をいくつか組み合わせて対処するとよい。

※4　これを、"Still-Face Experiment"という。

> **エクササイズ「イヤな気持ちへの対処」**
>
> ① 気持ちの和む、肯定的なイメージ（Positive Image）を思い浮かべてみよう。自分の内面にどんな変化が生じたか、ことばにしてみよう。
> ② ペアをつくり、相手の人と交代で以下の手順を実施する。
> 1）話し役の人は聞き役の人に、約1分間、自分の好きなこと、好きなものについて話す。聞き役の人は、無表情で何の反応も示さずに※4、その話を聞く。
> 2）話し役と聞き役を交代し、再度、1）を行う。
> 3）2人とも終了したら、「反応のない」相手が自分の内面にどんな感情を引き起こしたか話しあう。話しあった内容をまとめる。
> ③ 最後にもう一度、各自でポジティヴ・イメージを思い浮かべてみよう。今度はどんな変化が生じただろうか。

●解　説

このエクササイズの目的は2つある。一つは、「イヤな気持ちを和らげるうえで、肯定的なイメージがどの程度役に立つか」を確認することであり、もう一つは、「何の反応も示さない相手に話すことがどんなに苦痛であるか」を実感することである。

保育・教育相談において、私たちは相手の「陰性感情」に直面することになる。けっして楽しい話ばかりではない。けっして自分が冷静に聴いていられる話ばかりではない。だから、まず「自分自身の陰性感情を和らげる、自分に合った方法」を見つけておくことが必要なのである。もし、「肯定的なイメージ」が自分には役に立たなかったとしたら、別の方法を探すとよい。エクササイズ①の冷静なときよりも、②の無表情で何の反応も示されなかったことによって、やや不快な気持ちになったときのほうが、効果が実感できる場合が多いが、もちろん例外もある。

また、このエクササイズを通して、「どんな反応を返せば、相手が話しやすいか」を、リアルな自分の体験に基づいて、容易に想像できるようになるだろう。

エクササイズ④ ——「相手の視点に立つ」

●手　順

① 下記のワークシート「相手の視点に立つ」の練習を実施した後、解説

を読む。

② エクササイズ「相手の視点に立って、反応を返す」を実施する。

ワークシート「相手の視点に立つ」[※5]

相手の視点に立って、反応を返してみよう。

1．彼女が彼に言った。「あたしたちもつき合い始めて１年よね。とっても楽しい１年だったわ」。彼女の視点に立った彼の反応は？

a．「もうすぐ別れるんじゃない？」

b．「つき合えてよかったよね」

c．「だから何なんだよ。お前の言うこと意味わからん」

2．夫が妻に言った。「こんな高い車は買う余裕があるかなぁ」。夫の視点に立った妻の反応は？

a．「この車が欲しいの。絶対欲しい」

b．「あなたはいつもそうやって悲観的なのよ」

c．「お金が足りるかどうか心配なのよね」

3．ある学生が友人に言った。「勉強しなきゃいけないんだけど、やる気が出ないなぁ」。学生の視点に立った友人の反応は？

a．「やらなきゃとは思うんだけど、今一つなんだよね」

b．「単位落としたらどうするの？」

c．「あんたの取ってる科目ってつまんないよ」

4．２人のパートナーの会話。一方のパートナーの発言。「１日中仕事して疲れたぁ」。パートナーの視点に立ったもう一人のパートナーの反応は？

a．「そんなにすぐ疲れるようでは困るね」

b．「長時間仕事してたから疲れるよね」

c．「私だってクタクタだよ」

（解答は、本章の最後にあります）

※５　文献５）による。

●解　説

相手との良好な対人関係を形成するためには、２つの必要条件がある。一つは、「相手の視点に立つ」ということであり、もう一つは、「相手に関心を示す」ということである。

「相手の視点に立つ」とは、「相手の気持ちや考えに沿った応答をする」と言い換えることができる。これは、相手の言うことをなにもかも受け入れる「迎合」とは違う。「あなたはこう感じているんだね」と、いわば相手の立場を代弁するような姿勢である。

自分が相手に関心をもっていることを伝えるためには、「非言語的コミュニケーション」(non-verbal communication) の工夫が有効である。その例を以下に示そう。

※6 文献3)による。視線についての解説は筆者による。

【相手に関心と関与を示すための行動[※6]：Attending Behaviors】

① 視線を合わせること(アイ・コンタクト)

視線の合わせ方については、文化や性格によって考え方に違いがあるので注意する。日本では相手の目を直視するのは「不躾(ぶしつけ)」と感じられる場合があり、内向的な性格の相手は直視されること自体がストレスになる。

② 表 情

ほほえみは相手にとって肯定的な意味をもつ。

③ 距離と位置の取り方

相手にとって安心できる距離や位置がある (Personal Space)。

④ ことばの表現や伝達の仕方

同意のことば(うん、ええ、はい、なるほど、それから？など)や声の調子、速さ、強弱、音の大小。

⑤ 身体の動き

うなずき(ただし、多ければよいというものでもない)。相手のほうへ身体を向け、腕や足を組まずにオープンな姿勢で相対するのが望ましいといわれている。

※7 文献5)による。

エクササイズ「相手の視点に立って反応を返す」[※7]

① 今までペアをつくったことのない人を選んでペアをつくる。

② ペアをつくった2人(AとB)は、以下の手順でエクササイズを進める。

1) Aは、親しい対人関係で自分が大切と考えることについて、少なくとも2分間相手Bに話す。Bは話を邪魔しないでよく聞くこと。

2) Aが話し終えたら、BはAが話したことの要点をまとめ、Aに伝える。Aは話を邪魔しないでよく聞くこと。

3) Bのまとめの話が終わったら、Aは自分の言いたいこと(自分の視点)をBが正確に理解しているかどうかを伝える。どのくらい正確に話が理解されたかについてAとBは話しあう。

③ 以上が終了したら、今度はＢがＡと役割を交代し、②の手順で進める。
④ 最後に以下の３点について、まとめる。
　１）相手の視点を正確に理解できたかどうか。
　２）相手の話を受け入れることが難しかったのは、どんな理由からか。
　３）自分の話は正確に理解されたかどうか。

●解　説

「受容と共感」は、カウンセリングを勉強したことのない人でも漠然と知っているくらい有名なことばとなっている。しかし、実際のところ、「受容と共感」とは、カウンセリングの「技法」ではなく、「あらゆる円満な人間関係のベースにあるもの」なのである。だから、もしカウンセリングを「受容と共感」だけで語る人がいるとするなら、それはまるでギターを弦の数だけで語るようなものである。

「ギター？　はい、６弦ですね〈ニッコリ笑う〉」
（間違いではないけど、それだけじゃねぇ……）

エクササイズ④全体を通して、「相手との良好な対人関係を形成するためのコツ」「勘（かん）どころ」をつかんで欲しい。日常の対人関係にも役に立つはずだ。「こんなふうに話を聞かれたらイヤだ」というのをやってみてもおもしろいかもしれない。

エクササイズ⑤ ——「やや難しい対人関係にかかわる」

ここまでのところで、「３つの対人関係」について、さまざまなエクササイズを通じて練習をしてきた。最後にやや難しい対人関係に取り組むことにしよう。以下の事例では、次のようなスキルが必要とされる。

・対自関係——自分の感情をモニターし、コントロールする。
・二者関係——相手の感情を受け入れ、理解する。
・三者関係——立場の異なる人の間に入り、調整する。

では、以下の事例を、あなたはどう解決するだろうか。

事例

同じ職場の同僚であるAさん（20歳、男性）と、先輩であるBさん（40歳、女性）は、もともと相性が悪かったが、最近、職場の業務分担について意見が合わず、日に日に険悪な雰囲気となってきている。

Aさんによれば、自分たちは雇用されている身であり、雇用契約によって守られているのだから、過剰勤務は法律違反である。定時になったら帰らせてほしいという。最近なんだかんだと雑用が多く、定時に帰れないのにみんな文句を言わないのはおかしいという。

一方、Bさんは、保育というのは子どもの幸せを第一に考える仕事なのだから、子どものために必要なことがいろいろ出てくるのは当然だ、勤務時間を越えることがあったとしても、みんなで協力してやっていくべきじゃないのか、保育を会社勤めみたいな感覚でやってもらっちゃ困るという。

あなたから見ると、Aさんは、ノリが軽くて、一緒に遊ぶには楽しいタイプだが、やや考えが浅く、幼児教育について議論しようとしても「わりい、オレそういう難しい話はわかんないなぁ」と言ってかわされてしまう。しかし年が近いので親近感は持っている。

Bさんは、あなたにとって尊敬すべき先輩で、彼女が話すことは「なるほど」と感じるときが多い。ただ自分の考えを絶対に譲らない頑固さがあり、お説教くさくなるのは「うざいな」と思う。

それだけならいいのだが、問題は、AさんとBさんとあなたが職場で同じ小委員会に属していて、あと2週間で仕上げなければいけない仕事があるにもかかわらず、2人のいざこざのために、それが全然進んでいないということなのだ。園長は仏様のように円満な人で、あなたが相談しても、「まあ仲よくやってくださいよ」と言ってニコニコしているだけである。また、主任は主任で家庭の問題があって、まったく余裕がない。さて、どうしたものか。

●問　題

AさんとBさんの対人葛藤を解決するために、2人にどのように話しかけ、どのような手順で進めるかをまとめてください。また、注意すべき点として何があるかをまとめてください。

●解　説

「職場のメンタルヘルス」は、保育・教育相談の重要な研究領域の一つである。「何が保育者のメンタルヘルスを損なうのか」ということを考えると、それは、「職場の人間関係」であるという答えがまず浮かんでくる。

エクササイズ⑤は、典型的な職場内の葛藤の一事例である[※8]。この事例に対して、これまでのエクササイズで積み重ねてきたものを総動員して、解決

※8　実際の事例に基づいて構成されているが、本事例自体は架空の事例である。

にあたってほしい。

解答はあえて示さないことにする。各人が創造的な仕方で、この対人葛藤に取り組むのが望ましいからである。

引用・参考文献

1） Bohensky, A. *Anger Management Workbook for Kids and Teens.* Growth Publishing. 2001.

2） Burns, D.D. *Feeling Good : The New Mood Therapy. Revised and Updated.* Avon Books. 1999.

3） Hill, C. E. and O' Brien, K. M. *Helping Skills : Facilitating Exploration, Insight, and Action.* American Psychological Association. 1999.

4） Khalsa, S. S. *Group Exercises for Enhancing Social Skills and Self-Esteem.* Professional Resource Press. 1996.

5） Nelson-Jones,R. *Human Relationship Skills : Coaching and Self-Coaching, 4th Edition.* Routledge. 2006.

6） Shatte', A. J.. Gillham, J. E. and Reivich, K. *Promoting Hope in Children and Adolescents. In Gillham, J. (Ed.) The Science of Optimism and Hope.* Templeton Foundation Press. 2000. 216-234.

7） Stones, R. *Don't Pick on Me : How to Handle Bullying.* Piccadilly Press. 1993.

8） Wilde, J. *Hot Stuff to Help Kids Chill Out : The Anger Management Book.* LGR Publishing. 1997.

●○●　コラム　●○●

基礎的対人関係の練習なんて面倒だ

そう、それには筆者も賛成する。「基礎的対人関係の練習」なんて面倒だ。もっと楽にできる方法はないんだろうか。２つ考えてみた。

① 楽しく毎日を暮らす

これが可能であれば、イヤな気持ちになることも少ないだろう。のびのびとした気持ちになれるし、人の気持ちを受け入れる余裕も生まれる。楽しく毎日を暮らすために、必要なことはただ一つ、自分に問いかけること。「今の生活は、私が本当に望んでいるものなの？」と。「ちがうちがう」という感覚がわき起こってきたら、やさしく自分に尋ねるんだ。「じゃあ、どうすればいい？」ってね。答えは、多分あなた自身の中にある。

② 子どもと遊ぶ

あなたは子どもが好きかな？　子どもが好きだからこそ、保育の仕事に進もうと決めたのかもしれない。ただ忘れちゃいけない。子どもは世話される存在であると同時に、大人を世話してくれる存在なんだ。子どもと一緒に時を過ごすことで、いろんな気持ちや思いが自分の中に浮かんでくるのを感じるはずだ。その一つひとつにていねいに触れていくこと。それによってあなたの内面はずいぶん豊かになるだろう。

（こっちのほうがかえって難しいかもしれないけれど……）。

ワークシート「相手の視点に立つ」の解答
１．ｂ　　２．ｃ　　３．ａ　　４．ｂ

第2部

事 例 編

事例1 ● 子ども同士のいざこざ

1－1　子どもへの対応事例

●ねらい

園における子ども同士の関係のなかでは、自分の思いや気持ちが相手に伝わらず、すれ違いや葛藤が生じることが多い。しかし、このような経験こそ、子ども自身が自分とは異なる他者に気づき、自分の気持ちを整理しながら他者と共感していく力を育む大切な機会となっている。ここでは、子ども同士の関係をつなぐ保育者の存在がいかに大切かを学んでいきたい。

●事例「お掃除が大好き」

B香とC美は、同じマンションに住み、3歳で幼稚園に入園してきた。友達関係ができていたので、幼稚園入園後も、2人で遊ぶ姿がよく見られた1)。

ある自由遊びの時間、保育室前のテラスで、B香がモップを持って掃除をはじめた。それを見たC美が、B香の持っているモップを無言で引っ張る。「なに」とB香が振り返ると、C美は、「これは、だめなんだよ」とモップの柄を握った。B香が「私がお掃除しているんだから、やめてよ」とC美の手を払いのけようとする。C美も「だめなの」と引かない。「私が、お掃除するの」とB香はモップを横に振り、C美の手を離す。C美は涙声になりながら「ダメなの、ダメなの」と繰り返す。

その様子を見ていた保育者が「どうしたの」と声をかけると、C美は泣き出し、B香は「B香がお掃除していたのに、C美ちゃんが取ろうとしたの」と保育者に訴える。保育者は2人の間に入り、「そうか、B香ちゃんは、お掃除してくれていたんだ」とB香の言い分を受け止め、C美に「C美ちゃんも、お掃除したかったの」と尋ねる。C美は首を振り「だって、それ先生のだから」と泣きながら言う。「そうか、C美ちゃんは、このモップは先生のだから使ったらだめだよって、B香ちゃんに教えてあげようとしたんだね」と言ってC美の肩をなでた。「先生は、お掃除してくれるのはとても嬉しいんだけど、このモップは、B香ちゃんたちが使うのには、大きすぎて危ないから、（B香のほうを向いて）お部屋にある小さなほうきを使って掃こうか」2)と2人に向かって問いかける。B香は「うん」とうなずく。

その後、3人で保育室にほうきを取りに行き、B香とC美は仲よくテラスの掃除をはじめた。掃除が終わると、保育者は「２人とも、きれいにしてくれてありがとう」3）と言って、Ｂ香とＣ美の頭をなでた。

●考察・留意点

幼稚園の３歳児クラスには、このような事例がよく見られる。女児を中心とした「幼稚園ごっこ」などを見ると、そこには、保育者がしばしば登場しており、その動作、ことばなどを実によくまねて、この時期の保育者が子どもたちのモデル的存在であることが理解できる。事例のようなトラブルは保育のなかでは頻繁に起こることだ。それは、ものや場所の所有をめぐるものであったり、遊びのなかのイメージの違いであったり、手がぶつかったなどのささいなトラブルまで、原因も内容もさまざまである。「いざこざ解決能力」といわれるぶつかりあいの調整力も５歳後半頃には備わってくるが、それ以前の年齢では、保育者のかかわりは重要な鍵となってくる。しかし、保育者が介入したことで、かえって、子ども同士の関係性を崩してしまったり、子どもの心に傷を残してしまったり、逆効果になる危険性もはらんでいることを忘れてはならない。

●演習課題

① Ｂ香とＣ美のやりとりの場面をよく読み、いざこざの原因は何であったのかをまとめてみましょう。

② Ｂ香は保育者のやっていることをただまねしてみたいと思ったのか、それとも、テラスをきれいにしようと思ってこのような行動をしたのか、Ｂ香の気持ちを考えてみましょう。

③ 下線１）のような子どもの姿が見られるのは、この時期の特徴ですが、なぜだと考えますか。２人の家庭環境などから考察してください。

④ 下線２）の「部屋のほうき」のような適切な代用品がなかった場合、あなたならどのように対応しますか。

⑤ 下線３）のような２人の行動を認めることばを、ほかにいくつか考えてみましょう。

⑥ 事例の保育者は、まずそれぞれの子どもの自己主張に耳を傾けながら、それを受け止めています。これは、どのような効果があると考えますか。

⑦ 事例の保育者は、子どもの気持ちを代弁するだけではなく、もう一つ大切なモデルとしての役割を果たしています。それはなんですか。

⑧ 事例では、保育者がタイミングよく介入できましたが、もし、保育者の介入がなければ、この場面はどのように展開したかを予想してみましょう。

1−2　保護者への対応事例

●ねらい

保育者は、常に家庭との連携を保ちながら、保育を進めていかなければならないが、保育所や幼稚園、認定こども園の場において、子どもたち一人ひとりの個性や力を最大限引き出すためには、どのような家庭への働きかけが適切なのかを理解する。

●事例「ぼくのあこがれの存在」

I男は、4歳児でひとりっ子であるが身体も大きく、近所にいる小学生と遊んで育ってきたために、遊びの知識も豊富でクラスでもリーダー的存在となっている。幼稚園では、活発に動き回るためにケガも絶えないが、母親は、「ケガは、男の勲章、経験にもなりますから、先生もその都度報告しなくてもよいですよ」と寛大に受け止めている。一方、T男は、同じ4歳児でひとりっ子だが、就園前まで、家の外で遊ぶ経験もほとんどなく、母親と二人で過ごす時間が多かった。母親は、T男の子育てにはとても神経質になっており、ケガに対しても「昨日、頬を赤くして帰ってきたが、幼稚園で何かされたのではないか」1）と訴えてくるなど、かなり敏感になっている。

幼稚園での遊びの様子を見ていると、T男はI男の力強いところにあこがれているようで、常にそばにくっついている。しかし、ときには、I男に手を出されることもあり、しばしば泣く様子も見られる2）。ある降園準備のとき、走り回っているI男のかばんがいつものようにそばにいるT男の目に当たり、よほど痛かったのか、母親が迎えにくるまで泣きやまなかった。保育者は、そのときの様子を伝えたのだが、T男の母親は納得できず、「I男にはよく泣かされると家で言っている。先生は、それを容認しているのか」と訴えてきた。そのため、午後から、時間をかけてゆっくり話しあうことにした3）。保育者はまず普段の二人の遊びの様子を詳しく説明しながら、I男は、けっしてT男が嫌いではない。表現の一部4）として手が出てしまうこともあるが、そのときは厳しく注意していくと約束した。しかし、この話しあいの後にもたびたび、「今日もまたI男にたたかれたようだ」と苦情を受けることがあった。

そこで、保育者はI男の母親を呼んで、I男にはすぐに手が出てしまう癖があり、ことばできちんと相手に伝えるように注意を促しているが、なかなか改善されないので家庭でも気をつけてほしいということと、T男との関係についても話をした。すると、すぐにT男の母親に会いに行き、かばんの件も含めて謝罪をしてくれたようだ。その後、T男の母親からの苦情は少しずつ減っていった5）。

●考察・留意点

家庭や保護者から離れて保育所や幼稚園、認定こども園で過ごすことは、子どもにとって人生で最初の環境移行であり、そこには期待も不安もある。新しい環境に早くから順応できる子どもや長い目で見ていかなければいけない子どもなど、子どもたちへの対応は個々さまざまである。また、子どもの背後に存在する保護者の存在は、保育者にとって、ときには大きな悩みの種にもなり得るが、保育の現場において、その子どもの個性を最大限生かすためには、家庭との連携を欠くことはできない。

問題を抱えた子どもの場合、家庭と保育現場の双方が、常に同じ気持ちをもって、その子どものよいところを見つけていかなければならない。ときには、この事例のように時間がかかり、粘り強い対応が必要なケースも出てくる。しかし、子どもが成長した姿を見て、保護者とともに喜びを分かち合えたときの感動は、保育者でしか味わえない醍醐味があるだろう。

事例の最初の箇所には、それぞれの子どもたちのもつ生育歴、家庭環境が詳しく説明されているが、一人ひとりの子どもを理解するうえでは、子どもの背後にあるものは何かということもよく見ていかなければならない。

●演習課題

① あなたが担任保育者なら、下線１）のようなＴ男の母親の苦情に対して、どのような対応をしますか。

② 下線２）のように、なぜ、Ｉ男は、そばにくっついて離れないＴ男に手を出してしまうのでしょうか。

③ 下線３）の場面で、なぜ保育者は、時間をかけて話しあいの時間をもつことを決めたのでしょうか。そして、この話しあいの結果としてどのような効果があったのかを考察してみましょう。

④ 下線４）で、Ｉ男が手を出すことは、表現の一部であると保育者が受け止めた理由は、どのようなところにあるのかを考えてみましょう。

⑤ あなたは、保育者がＩ男の母親を呼んで、Ｔ男との関係について話しあったことに、どのような意味があったと思いますか。下線５）のＴ男の母親の苦情が減っていったこととあわせて考えてみましょう。

⑥ 今後、Ｉ男、Ｔ男それぞれの母親に対することばかけや援助など、自分が担当教諭になったとしたら、どのように対応していくか考えてみましょう。

事例２ ● 仲間に入れない子ども

2－1　子どもへの対応事例

●ねらい

子どもは、大人に比べ、ストレスを自覚する力もストレスに対処する力も未熟である。そのため、ささいな環境の変化に対しても心が不安定になりやすく、そうした心のゆらぎが問題行動や症状となって表れてくることが多い。こうした子どもの特徴をふまえると、子どもの示す症状や行動だけに注目するよりも、その背景にある子どもの気持ちや心のSOSをくみ取ったうえで対応したほうが、より効果的である。この事例は、ぜひ子どもの気持ちをくみ取るつもりで読んでほしい。

●事例「自分の行動に自信のもてないＡ雄」

５歳児のＡ雄は、父親の転勤で保育所に入園してきて３か月が経つが、友達になかなかなじめず、一人でポツンとしている様子が目立つ。特に自由遊びの時間になると、部屋の片隅に座り、ボーっとした表情で指を吸っている姿がよく見られた。せっかく仲間に入れてもらえても、友達に対してすぐに「いけないんだよー」と指摘したり、ささいなことで「いじめられた」と保育者に言いに来たりするので、遊びが長続きしない。

一方、自分の行動についても、Ａ雄は必ず「これでいいかなぁ？」と、保育者に確認しにやって来る1)。ある日も、保育者がスケッチブックに自由に絵を描くように言うと、Ａ雄は絵ではなく、○や×や数字をスケッチブックいっぱいに描いて2)、保育者に「これでいい？」と見せにきた。そこで「Ａ雄くん、たくさん描いたね。じゃあ、次は先生のお顔も描いてみる？」3)と言うと、長い時間をかけてじっと保育者の顔を観察し、何度も消しながら、とても細かいところまで描いていた。保育者が「一生懸命描いてくれてありがとう。先生嬉しいよ。よくがんばったね」4)と伝えると、Ａ雄はそれ以後、白い紙を持って頻繁に保育者のところへ来るようになった。また、特に用事があったり話しかけたりするわけではないが、Ａ雄は保育者のそばにいることが多くなった5)。

Ａ雄の両親はともに仕事が忙しく、毎日帰宅が午後８時前後となるため、保育所の送り迎えは、もっぱら祖父母がしている。保育所での様子が気になった保育者は、たまたま母親が迎えにきたときに少し話をし、自宅での様子をそれとなく聞いてみた。すると母親は、指しゃぶりについて特に気になっているようで、「指にばんそうこうを貼ったりして、やめさせようとはしているのだけど、なかなかやめてくれない」と話した。また、転居以来、A雄がおむつをして寝るようになり、母親はそのことについても対応に困っているということがわかった。

●考察・留意点

この事例では、一家の転居と、それに伴う保育所への途中入園が、A雄にとって大きな環境の変化＝ストレスとなったことが予想される。さらに両親が多忙で、環境の変化によって負担を感じているA雄のケアが難しい状況であることについても考慮すべきである。こうした状況を背景として、A雄は、なかなか仲間に入れないだけでなく、指しゃぶりやおむつといった退行[※1]現象と、自分の行動を逐一保育者に確認することや、絵を自由に描けないことなどといった、さまざまな気になる行動を示すようになっていることに着目してほしい。一連の気になる行動から、いったいどのようなA雄の思いがくみ取れるだろうか。A雄が今後仲間に入れるようになるためには、保育者としてどのような対応が必要であろうか。

※1　退行
より未発達な発達段階へ後戻りすること。一般的に「赤ちゃんがえり」ともいう。

●演習課題

① 下線1）について、なぜ、A雄は自分の行動を保育者に逐一確認すると思いますか。

② 下線2）について、なぜ、A雄は絵ではなく、記号や数字を書いたと思いますか。想像してみましょう。

③ この事例を読んで、A雄の性格の特徴はどんなところだと思いますか。また、A雄は今、保育所や家庭でどのような思いを抱いていると想像しますか。

④ 下線3）のように、保育者がことばをかけたのはどうしてだと思いますか。

⑤ 下線4）のような保育者の声かけの意図はなんだと思いますか。

⑥ 下線5）のように、いつもA雄が保育者のそばにいるようになった今、保育者はA雄にどのような態度で接すればよいでしょうか。

2－2　保護者への対応事例

●ねらい

※２　基本的信頼感
安定した養育環境を通して育まれる、自己や自己を取り巻く環境に対する信頼感のこと。

子どもは安定した養育環境を通して基本的信頼感※２を獲得し、外の世界へと活動の幅を広げていく。しかし、すべての子どもに常に安定した養育環境が与えられるわけではなく、環境が不安定になることや、保護者自身が問題を抱え、適切な環境を提供できないことも起こり得る。そうなったときに、子どもの心にどのようなひずみや影響が生じるかを理解してほしい。また、保育者として子どもおよび保護者にどのようなサポートができるかを考えてほしい。

●事例「年下の子としか遊べないＢ子」

Ｂ子は現在５歳の女の子で２歳下の妹がいる。３歳で保育所に入園した当時のＢ子は、同年齢の子どもと比べてとても上手に話ができたため、まだ幼いクラスの友達を引き連れている姿がよく見られた。しかし、４歳になり同年齢の友達が少しずつ成長してくるにつれて、だんだんとＢ子は一人でいることが多くなってきた。５歳児になってからは、入園してきた妹や、Ｂ子の言うことを聞く年下の子どもとばかり一緒にいて、同年齢の子どもとはほとんど遊ばなくなった。年下の子どもや妹に対してのＢ子はとても強気で、たとえば気に入った子には「あなたは入れてあげる」、気に入らない子には「あなたは入れてあげない」と言うなど、みんなを自分の思い通りにコントロールしようとする様子が見られた。また、年下のクラスでみんなを集めてその中央に立ち、絵本を読み聞かせようとする、大人の気を引こうとして大きな声で歌うといった行動も特徴的であった。そんなＢ子から、年下の子や妹が離れて自分たちだけで遊ぼうとすると、Ｂ子はものすごい剣幕で怒り、年下の子どもたちをいじめるのであった。

Ｂ子は、担当の保育者と１対１であれば、楽しく話をし、遊ぶこともできる。また、クラスでの活動も、積極的ではないものの参加することはできる。ただ、どうしても自由遊びになると年下のクラスへ行ってしまうのであった。

Ｂ子の両親は、Ｂ子が４歳のときに離婚した。ほどなくして母親には新しい恋人ができたため、現在はその恋人と母親、Ｂ子姉妹の４人で暮らしている。

母親は送り迎えの際によく担任の保育者へ話をしていたが、その内容はＢ子姉妹の話ではなく、元夫との関係でいかに傷ついたかや離婚がどれだけ大変であったかなどといった、母親自身の話がほとんどであった。また、母親は気分が日によって大きく異なるようで、大きく手を広げＢ子を抱きしめて迎えるときもあれば、そっけなく無言でさっさと歩きはじめるときもあった1)。現在は恋人の男性との再婚話が進んでいることで、母親自身も若干落ち着いた様子ではある。

●考察・留意点

わがままな行動が目立つために適切な仲間関係を形成できない子どもは、まわりの大人から“その子の性格のせい”とされ、厳しい対応を取られてしまうことも少なくない。しかし、一見“わがまま”と受け取られる行動の裏に、実はその子なりの心の傷つきや不安が根強く存在しているということはめずらしいことではない。

Ｂ子についても、“わがまま”な行動の背景に、養育環境が不安定でＢ子自身が毎日安心できていないであろうこと、Ｂ子に同じ年齢の子どもと適切な関係を取ることができるだけの基本的信頼感が形成されていないかもしれないことなどが考えられる。しかし、保護者に対して、適切な環境を整えていないことを責めても何も問題は解決しない。このような場合、保育者は、保護者と子ども双方が“そうならざるを得ない状況におかれているのだ”ということを理解する姿勢をもち、まずは子どもにとっても保護者にとっても安心できる環境を提供することが必要となってくる。

●演習課題

① Ｂ子は、なぜ年下の子とばかり遊ぶのでしょうか。Ｂ子の友達関係の取り方の特徴を考えてみましょう。

② 下線１）のような状況のとき、Ｂ子はどのような思いをしていると考えますか。

③ 今の状況のＢ子に担任の保育者として対応するとしたら、まずどのような点を目標にすればよいと考えますか。

④ Ｂ子の母親の話は、Ｂ子や姉妹とは関係のない内容が多いようです。母親は担任の保育者に何を求めていると思いますか。

⑤ あなたが担任の保育者だったら、この場合、Ｂ子の母親にどのような対応を取ればよいと思いますか。

事例3 ● すぐに暴力を振るう子ども

3-1　子どもへの対応事例

●ねらい

子どもに暴力行為がある場合、その子がなんらかの理由で暴力を振るわざるを得ない状況に追い込まれていると仮定し、暴力を振るってしまうときに、その子がどのような心理状態にあるのかを理解しようとする視点が重要となる。そう考えると、保育者として、ただ暴力行為をしかるだけの対応では不十分であることはいうまでもない。また、園が担っている最も重要な役割は、子どもの安全を確保することである。暴力の問題の場合、保育者は特にこの点に注意し、できるだけ被害が出ないよう責任を自覚して対応するべきである。以上のポイントに注意して事例を読み解いてほしい。

●事例「怒りが爆発してしまうC香」

C香は5歳の女の子で、弟が1人いる。C香の母親は再婚で、前夫との間にもうけた3人の子どもと同居しているため、今は両親と子ども5人の7人家族で生活をしている。また、母親は現在、今の夫との間に第6子を妊娠中である。

C香は、3歳で保育所に入園して以来ずっと、なにか気に入らないことがあると急に友達をたたく、持ち物を壊すなどといった暴力行為が出る。保育者から簡単な指示やささいな注意を受けただけでも、まるでなにかが爆発したかのようにクレヨンを折ったり、物を投げたりする1)。楽しく遊んでいてもC香はちょっとしたきっかけですぐにたたいてしまうので、最近は友達からも敬遠されるようになり、園で孤立した状態になりつつある。また、理由なく物を壊したり、投げたり、なくしたりすることが多いので、C香はたくさんの保育者から頻繁にしかられている。しかし、C香はしかられるといっそう爆発してしまい、地団駄を踏んで泣き叫んだり、暴れたりするので2)、しかることはどうやら逆効果なのかもしれないと、保育者も対応に悩んでいる。

母親はC香の送り迎えはするが、あまりC香に興味がない様子で、C香に対する声かけも少なく、無言でC香を連れて帰る姿もしばしば見られる。担任の保育者に対しても挨拶をする程度で、特になにか話をしようとする様子もなく、むしろ担任の保育者を避けるかのように、いつもさっさと帰ってしまう。父親は保育所に姿を見せたことがない。

●考察・留意点

C香の場合、送り迎えのときの母親の様子やきょうだいの多さなどから、親子関係が通常よりも希薄にならざるを得ない状況におかれている可能性が考えられる。

子どもは通常、安定した養育を受けるなかで、保護者を中心としたまわりの大人から、感情をことばで伝え返される経験を繰り返すうちに、自分の感情を自覚し、コントロールする能力を発達させていく。しかし、まれにそのような養育環境が十分整わないことによって、自身の感情を自覚する力もコントロールする力も未発達なまま、大きくなってしまうといったことも起こり得る。

C香の場合も、怒りの感情をコントロールできていない可能性と、怒りやその他の感情を自覚すること自体ができていない可能性との両方を想定し、それぞれについて、C香の発達を促進するために、保育者としてどのような役割が果たせるかを考えてほしい。

●演習課題

① 下線1）のように、C香の暴力行為が出たとき、まず保育者が取るべき対応はなんだと考えますか。

② 下線2）のように、暴力行為を起こしているとき、C香はどんな気持ちでいると想像しますか。

③ 暴力がおさまって冷静に話ができるようになったら、保育者としてどのような態度で、どのようなことをC香と話すとよいでしょうか。

④ もしかしたらC香は、自分の気持ちがよくわからないがために、怒りの感情が抑えられず暴力に至ってしまうのかもしれません。そうだと仮定した場合、保育者としてC香の感情発達のためにどのようなかかわりができると考えますか。

⑤ C香が感情をコントロールできるようになるために、今、保育者としてどのような対応を心がけるとよいと考えますか。

3−2　保護者への対応事例

●ねらい

暴力の問題の場合、保育者はときに、加害児の保護者だけでなく、被害児の保護者への対応も迫られることがある。また、保育者が、加害児の保護者と被害児の保護者との間に立たされてしまうこともめずらしくない。園として、子どもの安全確保をしながら、どのように加害児の暴力をなくしていくか、また、双方の保護者にどこまでの役割を果たしていくかが重要なポイントとなってくる。

●事例「被害児の保護者から苦情が出てしまったＤ祐」

現在４歳のＤ祐（男児）は、３歳児の頃からかみつきと引っかきがはじまり、４歳児クラスになってからは、１日に何度も友達の顔を引っかくようになった。Ｄ祐が友達を引っかく理由は、「通るのにジャマだったから」というようなささいなものばかりで、そのたびに担任の保育者は暴力ではない対応の仕方を教えているが、あまりにも頻繁に引っかくため、対応が追いつかないありさまである。

そこで担任の保育者は、引っかかれた友達がどんなに痛い思いをしているのかをＤ祐にわかってもらうため、被害を受けた子どもと一緒にＤ祐も処置室へ連れて行き、友達が処置してもらっている様子を見てもらうようにした。また、引っかき行為のことを「バリ（バリかきの略）」と呼び、「“バリ”はいけないこと」と根気強く言い続けた[1]。さらに、Ｄ祐からできるだけ目を離さないようにして、引っかきが出そうになると、その場で担任の保育者がＤ祐の手を握って止め、Ｄ祐が自発的にやめたわけではないが、「“バリ”しなかったねぇ、えらいねぇ」とほめるようにした[2]。やがて、Ｄ祐は先生にほめてもらうために「今日“バリ”しなかったよ」と報告をしに来るようになり、それを繰り返しているうちに、それまでほぼ毎日頻回にわたって出ていた園内での引っかき行為が少しずつ減少してきた。

Ｄ祐の両親は離婚しており、現在はＤ祐と母親、母方祖父母、母親の弟２人の６人で生活している。家庭ではＤ祐が生活の中心になっていて、食事など何に

ついてもD祐が一番でないと怒りだすため、家族はD祐に合わせているということである。担任の保育者は、母親にD祐の引っかきのことを一度話したが、母親は笑って聞いているだけでD祐に注意した様子は見られない。

D祐の引っかき行為は減少したものの、まだ完全になくなったわけではない。そしてついに、顔に傷をつくって帰った被害児の保護者から、園に苦情の連絡が来た。

●考察・留意点

たとえ子ども同士の暴力であっても、被害児がケガをした場合、子どもの安全確保を担う園としてはその責任を問われてもおかしくない。そのため、暴力の問題については、まずは子どもの安全確保を最優先として対応するべきであろう。また、被害—加害の関係が生まれるこの問題においては、双方の保護者へ適切に情報提供を行い、理解を求めることも重要である。

加害児の親に対しては、子どもの暴力行為や保護者の対応などを責めるよりも、事実をありのままに伝え、今後、加害児が暴力を振るわずにすむようになるにはどうしたらよいかについて率直に話しあい、園と家庭とが連携して問題解決に取り組めるようなことばかけを心がけることが重要となる。また、被害児の親に対しても、状況を隠さずに説明し、安全を確保できなかった園の対応を謝罪し、今後の園としての対応方針を明確に示して理解を求めることが基本となる。

●演習課題

① 下線1）について、担任の保育者はどのような意図で“バリ”という名前をつけたのでしょうか。

② 下線2）について、D祐が自発的に暴力をやめたわけではないのに、担任はなぜD祐をほめたと思いますか。その対応の意図を考えてみましょう。

③ 現時点でD祐の母親にはD祐の現状を一度話してあるという状況ですが、被害児の保護者から苦情が出た今、D祐の母親にはどのようにアプローチすればよいと考えますか。

④ この場合、被害児の保護者に対して、園からは何をどのように伝えるべきだと考えますか。

事例４ ● 不登園の子ども

4－1　子どもへの対応事例

●ねらい

子どもが不登園となると、保育者は自分の保育が悪かったのではないか、事前に気づくことはできなかったのかなどと考え、悩んでしまう。そのことが自分の保育を振り返るきっかけになる場合もあるが、自分のことばかりを気にしすぎてしまうと、子どもがどのような思いでいるのか、今後どう対応していったらいいのかを考えるゆとりを失うこともある。

ここでは、不登園という事態のなかで、子どもに何が生じているのかについて理解を深めてほしい。その際、親子が別れるときに生じる分離不安[※1]や、子どもが他者との関係をつくっていく社会化[※2]など、子どもが発達上直面する問題についての理解が必要である。そのような基本的な理解のうえに、目の前にいるこの子の場合はどのような事態が生じているのかについて考えていってほしい。

※１　分離不安
保護者のような大切な人と一時的に離れるときに、子どもが不安になることをいう。通常、分離不安が最も高いのは１歳代といわれるが、年齢が上がってもさまざまな状況によって強い分離不安が出現することがある。登園時に子どもが泣いて保護者と離れられないことは、多くは入園という状況の変化のなかで出現した分離不安と考えられるが、それ以外の要因による場合もある。

※２　社会化
子どもが保護者以外の他者との関係をもち、社会の一員となっていくプロセスをさす。保育所や幼稚園、認定こども園での保育者や仲間との関係は、自分の意思が伝わらなかったり相手の自己主張にあって思い通りにいかなかったりするなど、葛藤を生じやすい。そのトラブルのなかで子どもは自分と異なる他者と協働していくことを学び、自己を育てていくことができると考えられる。

●事例「幼稚園に行きたくないというＫ治」

Ｋ治は年長の男児である。元気でクラスを引っ張っていく頼もしいリーダータイプで、１学期は遊びの輪の中心となっていた。

そのＫ治が、夏休み後から、なんだか元気がない1)。保育者は「体調でも悪いのだろうか」と考え、様子を見ていたが、ある日母親が来園し、Ｋ治が幼稚園に行きたくないと言い出して、どんなに言い聞かせても嫌がって暴れるので休ませたい2)、と話した。

Ｋ治が幼稚園に行きたくないと言い出すとは思ってもいなかった保育者はショックを受け、いったい何がいけなかったのだろうか、と悩んだが、原因は思い当たらない3)。

数日後、Ｋ治は再び幼稚園に登園した。保育者はどのように接したらいいのだろうか、と不安になったが、いつも通りにしようと決心し、「Ｋ治君、久しぶりだね。風邪だったのかな？　心配していたよ」と声をかけた4)。Ｋ治は「うん……」とはっきりしない返事だった。しかしいつもなら、ぱっと仲間のところへ行くＫ治が、保育者のそばをうろうろとして離れない5)ので、近くにいたほうがいいのかな6)、と考え、しばらくそばにいて様子を見ていた。

少しして、K治は小さな声で「先生、おばあちゃんなぁ、運動会に来れないかもしれないんだって」と言った。どうしたのかと思って尋ねると、同居していたおばあちゃんが体調を崩し、入院している7）と言うのである。

●考察・留意点

保育者はK治が「幼稚園に行きたくない」という状態になったとき、非常に大きなショックを受けている。自分のクラスの子どもが幼稚園に行きたくないと言っていると聞けば、熱心な保育者であればあるほど悩むだろう。

しかし、重要な点は、子どもの否定的な感情も含めてありのままを受け止めることである。そうすることで、「幼稚園に行きたくない」ということばの背後にあるその子の姿がうかがえるだろう。そこで、まず「幼稚園に行きたくない」という気持ちがあることを受け止めたうえで、それがその子にとってどのような背景のなかから生じた思いであるのかを理解し、今後どう対応していくかを考えるという流れになる。そのためには、ことばにならない子どもの振る舞いや表情をとらえ、保育者としてのかかわりを考えていくことが必要となる。

●演習課題

① 下線１）の様子から、K治の状態として、この時点でどのような可能性が考えられますか。できるだけ多くあげてみましょう。

② 下線２）から、保護者はどのような気持ちでいると考えられますか。

③ 下線３）から、保育者としてはどのような気持ちであると考えられますか。また、このような悩みを抱えたとき、あなたならどのように気持ちを立て直していきますか。気分転換や自分自身に対するケアの工夫を考えてみましょう。

④ 下線４）のとき、保育者はどのように考えてこのようなかかわりをしたと思いますか。あなたならどのように考えて、働きかけますか。

⑤ 下線５）の様子から、K治はどのような状態であると考えられますか。

⑥ 保育者は下線６）のように対応しましたが、あなたならどのように対応しますか。その理由もあわせて考えてみましょう。

⑦ 下線７）の情報から、K治はどのような心境でいるのか、推察してみましょう。

⑧ この後、あなたならK治とどのように話し、どのようにかかわっていくか考えてみましょう。

4－2　保護者への対応事例

●ねらい

子どもが幼稚園や保育所に行きたくないと言い出すと、保護者もまた動揺する。園生活が楽しくないのではないかと考えて、幼稚園や保育所に文句を言うこともあるし、自分が甘やかしすぎたのかと思い、子どもに厳しくすることもある。また嫌がる子どもを無理やり登園させる事態もしばしば起こる。子どもは保護者に連れられて幼稚園や保育所に来るため、「行きたくない」という子どもの気持ちに保育者がなかなか気づきにくい場合もある。

保育者としては、保護者の動揺や不安を受け止め、保護者と子どもとの関係がよりよくなることを支援していくことと、幼稚園や保育所に行きたくないという子どもの状態を理解し、かかわっていくことが重要となる。ここでは、保護者の思いに対する理解を深めてほしい。

●事例「いつも緊張しているＨ花」

Ｈ花は、今年幼稚園に入ったばかりの年少の園児である。Ｈ花は緊張しやすいのか、いつもきゅっと口を結んだままで、友達が遊んでいても、みんなで一斉活動をしていても参加せず、少し離れたところでじっと見ているだけだった1)。友達が「Ｈ花ちゃん」と声をかけても黙っている。彼女の緊張している様子が伝わってくるので、担任の保育者はＨ花が慣れるまで見守ろうと思い、クラスの端のほうに座らせるようにしていたが2)、それでもＨ花の様子は変わらなかった。保育者は、どのくらい待っていたほうがいいのか、それとももう少し促して活動に参加させていったほうがいいのか迷い、保護者に家庭での様子を聞いてみようと思った。

母親が送り迎えで幼稚園に来るときに、担任の保育者はさりげなく家での様子を尋ねた3)。すると母親は、Ｈ花が幼稚園に行きたくないと言っていることをはじめて話した4)。入園当初は緊張した表情で登園していたが、２週間ほどすると、「幼稚園に行きたくない」と言いはじめたそうである。母親はなんとかなだめて、ときにしかりながら連れて行っていたが5)、幼稚園が近づいてくると身体に力が入り、身構えているようなＨ花の様子にだんだん心配に

なってきたという。それでも幼稚園で習った手遊び歌などをして遊ぶことがある6）ので、母親としては幼稚園に行ってしまえば楽しくやっているのではないかと思い、祈るような気持ちで毎日送り迎えをしていたようである。

母親は、「私も心配してしまって、『幼稚園できちんとするのよ』とついついきつく言ってしまうんです」7）と続けて話した。

●考察・留意点

担任の保育者は、H花のクラスでの様子から、保育上の工夫を行った。だが、幼稚園での様子からだけでは、子どもの行動を理解しきれないことがたくさんある。そのため家庭と連携を取りあいながら、協力して子どもを理解し、育てていくことが重要となる。しかしその際、原因はどこにあるのかなどと考えてしまうと、お互いを責めあってしまう危険性が生じる。大切なことは、今のその子の状態をより多面的にとらえ、どのように援助していくかを一緒に考えることである。保護者の思いを受け止めながら、子どもの様子を理解し、今後の方向性を導きだせるようなかかわり方を行っていくにはどうしたらいいかを演習課題として考えたい。

●演習課題

① 下線1）の様子から、H花はクラスのなかでどのような体験をしていると考えられますか。

② 保育者は下線2）のような対応をしましたが、このような場合、あなたならどのような対応をしますか。理由もあわせて考えてみましょう。

③ 下線3）で、保育者は「さりげなく」母親に声をかけたとありますが、あなたならどのようにことばかけをしますか。

④ 母親が、下線4）のことを保育者に打ち明けたときの気持ちを考えてみましょう。また、あなたなら母親にどのような受け答えをしますか。

⑤ 下線5）の様子から、母親がどのような気持ちでいたと考えられますか。また、このような内容を打ち明けた母親に対して、あなたならどのようなことばをかけますか。

⑥ 下線6）の様子から、H花の気持ちを推察してみましょう。

⑦ 母親の下線7）の発言に、どのような気持ちでいるか推察してみましょう。

⑧ あなたなら、この後、母親とどのような話をし、どのような対応策を導きだしますか。

事例5 ● 虐待が疑われる子ども

●ねらい

児童虐待について、保育者が保育場面でその兆候と事実を目にしたとき、子どもや保護者にどう介入したらよいのだろうか。ここでは身体的虐待が疑われた事例を通して、関係機関との連携とその対応について学んでいく。

●事例「身体測定での子どもの様子から」

【問題の発覚】

ある日、その保育所では身体測定が行われていた。身体測定で肌着（シャツ）1枚になるのだが、測定の順番が来てもA太はなかなか服を脱ごうとしなかった。担任であるC保育士がそばに行き、肌着を脱がせようとした際、背中に複数のあざがあるのを発見した。いくつかは消えかかっていたが、1つはまだ内出血の後がはっきりと見えるほどであった。

C保育士は主任保育士にその情報を伝えたうえで、A太のそばに行き腰を落として、「A太くんの背中、痛そうなあとがあるけれど、どうしたの」と周囲の子どもたちに配慮しながら1)、小さな声で、耳元で尋ねた。A太くんは何も言わずに黙ったままだった2)。

【家族の状況】

父親：銀行員（32歳）

母親：育児休暇中（28歳）

A太：男児4歳、保育所の年中

B子：女児6か月

アパートでの4人暮らし。両親とも地元を離れ、就職後に結婚したため、近隣には知り合いがおらず、地域との交流も少なかった。

父親は銀行員として勤務しており、母親もB子を出産する前は銀行員として働いていた。B子出産後は育児休暇を取得している。経済的なことも考え、早く職場に復帰したい気持ちも強いため、父親にも家事や子育てを手伝ってほしいと伝えているものの、「仕事が大変で家のことが手につかない」との理由で協力的ではなかった。母親は、同じ仕事をしていたこともあり、父親のその言葉に反論することすらできなかった。

【C保育士の対応と園内の連携】

黙ってうつむいたままのA太を保健室につれていき、C保育士は事情を聞こうとした。「背中が痛かったときのこと覚えている？」と聞くと、Ａ太は黙ったまま小さくうなずいた。そして、一言「僕が妹をたたいたから……。僕が悪いことをしたからママがたたいたの」と言い、泣き始めた。

Ｃ保育士は「　　　　　　　　　　　　　　　　　　」3）と、背中をさすりながら声をかけた。

その後、すぐに主任保育士・園長に報告をした。虐待の継続性や深刻さは感じられなかったものの、今後のＡ太と母親の関係を考えた4）うえで、状況を市の福祉課へ報告した。

【保護者へのかかわり】

母親とＣ保育士との関係は良好であった。年少時からの持ち上がりでＡ太を担任していたこともあり、母親とも気軽に話ができる関係であった。

身体測定の翌日、Ａ太を迎えに来た母親に、Ｃ保育士から身体測定の際のエピソードを伝えた5）。はじめは「そんなに強くたたいたつもりはなかったけど。妹に手を出したＡ太も悪いし、何度注意しても聞いてくれなかった」と話していた。

Ｃ保育士は母親の言葉を受け止めた後、「お母さん、最近本当に大変そうですね。Ｂ子ちゃんのお世話をしているお母さんに、Ａ太くんもきっとさびしい思いがあったのかもしれませんね」と返すと、言葉をつまらせ泣き始めたのであった。

その後、母親の口からは、Ａ太の妹に対する言動について困っていること、父親が家事・育児に協力的ではないこと、身近に気軽に話ができる人がいないこと、母親の実家とは関係が薄く、帰省もできないことなど、多くの悩みや苦しみが語られた。

【関係機関（園内・外）の対応と母親の様子】

保育所から連絡を受けた市の福祉課は、児童相談所に通告※1を行った。翌日Ａ太の様子を確認する※2ために保育所へ向かい、Ａ太の身体を確認したところ、複数のあざが確認できた。その後、保育所を訪問した児童福祉司と児童心理司、家庭相談員は家庭環境の把握と母親への聞き取りをするため、Ａ太の自宅へ家庭訪問に向かった。

自宅でＢ子の世話をしていた母親は、突然の訪問に驚いた様子で、玄関先で「虐待なんかしていません、しつけですよ」と大声で叫んだ。

その後、根気強い家庭相談員の説得により母親は落ち着きを取り戻し、訪問に応じたが、通告した保育所へ怒りの気持ちを表していた6）。

母親の思いも聞き、Ｂ子への虐待がないことも確認したうえで、後日、児童相談所へ両親そろって来てもらうことにした。

※1　通告
2009（平成21）年４月から被措置児童等虐待の防止等の枠組みが制度化され、被措置児童等虐待を発見した者に通告義務が課せられた（児童福祉法33条の12第１項）。また、通告等を受けた県は事実確認や必要な措置等を行うとともに、県の対応について児童福祉審議会に報告すること及び定期的に被措置児童等虐待の状況を公表することが義務づけられた。

※2　48時間ルール
虐待通告受理後、原則48時間以内に児童相談所や関係機関において、直接子どもの様子を確認するなど安全確認を実施するという厚生労働省が定めたルールをいう。

【子どもへのかかわりとその後の経過】

A太の発達について疑問もあったため、児童相談所にて発達検査を実施したが、特に発達障害を疑うような結果ではなかった。

そこで母親への支援を重点的に行えるよう、保育所と市の福祉課、児童相談所は2つの方針を決定した。

1つ目は、家庭相談員が中心となり、母親の面談を定期的に行っていき、母親の困り感に対応できるようにすること。

2つ目は、地域で行われる親子交流の場を紹介し、地域の親子でつながるきっかけをつくること、であった。

その後、母親は親身になってくれる家庭相談員の後押しも受けながら地域交流にも積極的に参加するようになり、A太へのかかわりも落ち着いていったのであった。

一方、通告をした保育所に対して、はじめのうちは「私を裏切った。勝手に通報した」と不信感を抱いていたが、数か月が経ち、少しずつ気軽に話せるもとの関係に戻りつつあった。

●考察・留意点

保育者は（理由がわからない）子どものケガやあざを発見したときに、すぐに園内での情報伝達と情報の共有をしなければならない。その際、日常的な虐待の可能性があることを念頭におきながら、子どもの言葉をていねいに聞き取ることが重要である。

この事例は、重篤な虐待にいたる前に母親に対する支援を行うことで、養育の変化をもたらせた事例である。

一方、保育所と母親の関係性においては、通告したことがきっかけで、母親との間で築きあげてきた信頼関係を崩している場面もみられる。虐待（疑いもふくむ）を発見した場合にはすみやかに通告することは義務となっているが、これからの保護者との関係を考えたとき、通告をためらうことも多いであろう。

そこで、保育所と保護者が日頃から（よい意味で）言いあえる関係性の構築を目指すことが大切である。また、事例によってはまず母親へのヒアリングを行い、その内容もふまえたうえで通告することも必要であろう。

●演習課題

① 家族の状況をふまえ、ジェノグラムを作成してみましょう。
② 下線1）で、なぜ、周囲の子どもたちに配慮が必要なのでしょうか。
③ 下線2）で、この時のA太の気持ちを考えてみましょう。
④ 下線3）で、あなたが担当保育士だった場合、どんな言葉をかけますか。「　」内にあてはまる言葉を考え、ロールプレイで実践してみましょう。
⑤ 下線4）で、A太と母親の関係は今後どのようになっていくと考えられますか。
⑥ 下線5）で、A太の迎えに来た母親に虐待の事実を聞こうとする際に、どのような準備や配慮（心構え）が必要でしょうか。
⑦ 下線6）で、母親の怒りの感情の裏にはどんな気持ちがあるでしょうか。

事例6 ● 児童養護施設での不適切なかかわり

●ねらい

虐待を受けるなど、家族と一緒に生活できない理由がある子どもが生活する児童養護施設（以下、「施設」という）。本来、子どもの安心安全な生活の保障が求められる施設内で不適切なかかわりがなされていた場合、どう対応したらよいのだろうか。

ここでは、施設で働く保育者の子どもに対する不適切なかかわり[※1]と施設の対応、関係機関への対応など、事例を通して学んでいく。

※1　不適切なかかわり
「マルトリートメント」ともいう。ここでは、虐待行為と同意語で使用する。

●事例「子どもの生活を支える保育士のかかわりから」

【問題の発覚】

施設に就職して5年目のA保育士は、現在施設内で4人の児童の生活担当をしている。4人の中の1人M奈（10歳）は、いつもA保育士の言うことを聞かず、周囲も対応に困っている状況だった。

ある日、新任保育士Bとともに数人の子どもとリビングで宿題をしていた。そのとき、A保育士がM奈に向かって「宿題が終わったら確認するから、私のところに持ってきてね」と声をかけると、「今日は宿題がないから、やらない」と返事が返ってきた。A保育士が予定帳を確認すると、計算ドリルと本読みの宿題が出ており、「なんでうそをつくの！　勉強したくないなら出ていきなさい！」と、着ていた服と手を引っ張り、勉強している部屋から引きずり出した。その後、ランドセルや教科書、筆箱など、M奈の私物をすべて投げ捨てたのである。

M奈はその光景を目の当たりにして、身体が動かなくなってしまった。その場に居合わせたB保育士が散らかった文房具などを片づけようとすると、「そのままほっていていい！」といいリビングから出ていったのである。

【M奈の入所状況と家族】

M奈が2歳のときに両親は離婚したが、母親はすぐに違う男性と知りあい、3人での生活が始まる。当初は順調な生活を送っていたが、内縁男性は母親と言いあいになると、M奈の前で母親に暴力を振るうようになり[※2]、その暴力は次第にM奈にも振るわれるようになったのである。

当時通所していた保育所の園長がM奈の様子がおかしいことに気づき、児童相談所に通告後、一時保護を経て施設入所となった。

※2　面前DV（ドメスティックバイオレンス）
子ども自身が直接暴力を受けている場合は身体的虐待に該当するが、子どもの見ている前で夫婦間暴力があった場合（面前DV）は子どもへの心理的虐待に該当する。2004（平成16）年の児童虐待防止法改正で面前DVは心理的虐待のひとつと認定された。

【施設内の対応】

その場面に居合わせたＢ保育士は、Ｍ奈へのフォローが必要だと思い、隣のグループホーム※3にいる主任保育士へ相談に行った。主任保育士はその報告を受け、Ａ保育士と一緒に勉強していた子どもたち、そしてＭ奈への聞き取りを行った。

他児からは、Ａ保育士がたびたび、Ｍ奈が言うことを聞かないときに暴言や服を引っ張るという場面を目撃したことがあると話した。それは、勉強の場面だけでなく、食事の場面など日常のあらゆる場面で起きていたことがわかった。

Ｍ奈からも、Ａ保育士からの暴力や暴言があったと話す一方、「私の将来のためを思って言ってくれている」という言葉も聞かれた。また、ものを投げられた際は、入所する前に内縁の男性にされたことを思いだし（フラッシュバック）※4、身体が動かなくなってしまうということも語った。

同じ施設で勤務しているＢ保育士にも話を聞くと、一緒に勤務することは少ないが、今回のようなかかわりは食事の場面でたびたび見かけていたようで、「少しやりすぎではないかな……」と感じた部分もあったが、報告するまでもなかった1）と思っていたという。

Ａ保育士は、「感情的になることはよくあるが、それは子どものためにやっている。自分の母親も同じように私にしてきたし、その母親のおかげで今があると思う。私の母親はうそをつくことを絶対に許さなかった。私もそう思っている。だから今日のＭ奈さんのうそも許せなかった」と話をした。さらに、入職後、Ａ保育士が初めて担当した子どもがＭ奈であり、「Ｍ奈さんのことは私が支えていかなければならない」と涙ぐんで語ったのである。2）

【関係機関の連携】

施設内での聞き取りを終えた主任保育士は、施設長・副施設長への報告を行った。Ａ保育士の行った行為が被措置児童等虐待※5に該当するととらえ、児童相談所への通告※6を行い、児童相談所はその通告を受理した後、県への報告も行った。

後日、事実の聞き取りのために児童相談所職員と福祉事務所職員が施設を訪れ、子どもたち、保育者、副施設長、施設長への聞き取りを行った。聞き取りからもＡ保育士の不適切なかかわりが認められたこと、施設内でも不適切なかかわりについての意識が低く、問題としてとらえていなかったこと、子どもたちのなかには、不適切なかかわりにより職員への恐怖心が芽生えていたことが明らかになった。

児童相談所と福祉事務所は、虐待の事実を確認し、都道府県児童福祉審議会※7への報告を行った。

※３　グループホーム
施設形態のひとつ。児童養護施設はより家庭に近い環境で子どもたちが生活できるよう小規模化が進行しており、その中でもより家庭的な環境で生活できる形態がグループホームである。地域の住宅地などに設置され、子どもの定員は６名である。

※４　フラッシュバック
なんらかの虐待を受けた心的外傷体験と類似した体験または無関係なこと、ほんのささいな刺激によって虐待体験の記憶が思いおこされ、その記憶の侵入によって、虐待体験時の感情や状況に戻ってしまう状態のことをいう。

※５　被措置児童等虐待
さまざまな理由により、家庭での養育が困難なため、施設や里親への入所措置等をされた児童に対して、施設職員・里親等が行う虐待をいう。

※６　通告については、事例５（p.149）を参照。

※７　都道府県児童福祉審議会
児童福祉法８条第１項により設置された執行機関の附属機関であり、被措置児童等虐待への県の措置に係る報告への意見や里親の認定に係る意見等を審議する機関をいう。

【保護者への説明】

施設内で不適切なかかわりがあきらかになったため、M奈の保護者（母親）への謝罪と説明を行った3)。施設長からの謝罪と不適切なかかわりについて、ていねいに説明がなされた後、A保育士からも謝罪の言葉が述べられた。

その後、母親からは「施設を、A保育士を信頼して預けていたのに……。今は施設に預けたことを後悔しています。違う施設で生活をさせたいと思っています」と、怒りを隠しながら震えた声で話したのであった。

【その後の経過と対応】

① M奈への対応

M奈は、怖い思いをもちながらも、A保育士とこれからも一緒に暮らしていきたいと話していた。施設を変わることについても、「転校をしたくない、友達と離れたくない」といった言葉も聞かれたことから、同施設で生活を送ることが保障された。

また、M奈に虐待の影響が深く強く残っていると考えられた4)ため、心理療法担当職員と連携し、週1回のプレイセラピーを行い※8、心理面での支援を継続的に取り入れることとした。

② A保育士への対応

一度は退職も考えたA保育士だったが、M奈を含む一緒に生活をしてきた子どもたちの心情と他の保育者の支えもあったことから、再度施設での勤務を始めている。A保育士は、もう二度と同じことを繰り返さないという強い思いから、不適切なかかわりにいたった背景・要因をていねいに振り返るとともに、施設内・外の研修に参加し、子どもの支援について学び直すこととした。また、自分自身の成育歴の整理も※9、同時に行うこととした。

③ 施設への対応

被措置児童等虐待の事実確認をふまえ、都道府県は児童相談所と協力し、不適切なかかわりに対する検証を行った。その結果、グループホーム同士の連携不足や、保育者が問題を抱えてもひとりで解決せざるを得ない状況にあったことも明らかとなった。

そのため、弁護士や大学教員等とも協力し第三者委員会を立ち上げ、子どもの育ち（発達）と支援について学ぶ機会を増やし、保育者が問題を抱え込まないような環境づくり5)、メンタルヘルスへの取り組みなど、再発防止に向けた取り組みが始まったのであった。

※8　心理療法担当職員によるプレイセラピー
児童養護施設等に配置される専門職員。虐待などによって心的外傷を負っている子どもたちに心理療法を施し、心理面のケアを行う。その心理療法担当職員によって、プレイセラピー（遊戯療法）が行われ、遊びを通して子どもの抱えている問題の解決を図る。

※9　自己覚知
「自分のことを知る、理解する」ということ。保育者など対人援助を仕事とする場合、自らの価値観や倫理観が支援をするときに大きくかかわってくるため、自分を客観的にとらえる視点が必要となる。

●考察・留意点

この事例は施設内で起きたことであるが、保育所や幼稚園、認定こども園でも起こりうることだといえる。保育者は、園内で不適切なかかわりを発見したときは、すみやかに通告しなければならない義務が課せられている。しかし、一緒に働く保育者同士の仲間意識や管理職（施設長や主任等）に対して指摘できず、見逃してしまうことも少なくないだろう。そのため施設や保育所、幼稚園、認定こども園では、「児童虐待の防止等に関する法律」などを念頭におきながら、不適切なかかわりとは具体的にどのような行為をさすのかという内容について、組織的かつ具体的に学んでおく必要がある。

施設内で不適切なかかわりが起こってしまった背景には、不適切なかかわりへの意識が薄いこと、保育者同士の連携不足、価値観の共有ができなかったことなど、いくつかの要因が考えられる。

一方で、保育者もさまざまな生活背景を抱えて子どもの支援に携わっているため、どのような保育観や養育観があるのかをお互いに共有できるような関係性を構築していくことが望まれる。

●演習課題

① 下線1）で、なぜ報告するまでもないと判断したのか。あらゆる背景を想像してみましょう。

② 下線2）で、なぜA保育士はそう思ったのか、考えてみましょう。

③ 下線3）で、保護者への説明の際、どのような配慮が必要だと考えますか。

④ 下線4）で、どの場面からそういえるのでしょうか。

⑤ 下線5）で、保育者が問題を抱え込まない工夫としてできることは何があるでしょうか。

事例7 ● 障害のある子ども

7−1　子どもへの対応事例

●ねらい

障害のなかでも、特に発達障害のある子どもの場合、周りの子どもとの違いがわかりづらく、特有の行動が奇異に映り、彼らに対する差別感情が芽生えてしまうこともある。ここでは、そのような状況に陥った事例を紹介し、保育者が子どもたちにどのようにかかわり、障害のある子どもを支える姿勢をどのようにして育てていったかという点について考えてみたい。

●事例「自閉症児に対するクラスの子どもたちのかかわり」

S子（5歳6か月、女児）は、4歳で幼稚園に入園後、他児と上手なかかわりがもてないことで小児精神科を受診すると、自閉症スペクトラム障害※1であると診断された。集団遊びには入ろうとせず、登園するといつも一人で遊びはじめる。感覚が過敏なせいか、食事や衣服についても強いこだわりがあり、給食はおかずを口にせずご飯だけを食べる。また気に入ったものしか身につけられず、毎日同じニットのセーターを着て登園している。母親によると他の服に着替えさせると、大泣きして登園どころではない状態になるという。

夏も近づいた暑い日、Y枝が「S子ちゃん、こんなに暑いのにまた同じ長袖のセーター着ているね」と声をかけた。するとちょっとからかいたくなったのか、元気者のK男が「S子ちゃんクサイクサイ！」とおどけた。それを見ていたまわりの子どもたちは大笑いになり、その声でS子はパニック状態になりひきつけたように泣き出した。それ以来、保育者はクラスの状況をよく観察するようにしていた。すると時どき気になることが起きることがあった。たとえば、みんなの作品をS子に配ってもらうと、受け取るときに嫌な顔をする子がいる。またグループ分けをすると、S子と同じグループになった数人が「エー」と拒否するような声をあげる1)。保育者は、クラス内にS子に対する差別感情が生まれているように感じられ、これを許してはいけないと強く思った。

保育者が試みたことは、子どもたちにS子を理解してもらうことである。S子が休んだ日を選び、保育者は子どもたちに語りかけた。「S子ちゃんはね、肌がとても感じやすいので、着ることができる服が少ししかありません。だから同じセーターを着ているのです。でも、これからは暑くなるので夏の服も着る練習をする

※1　自閉症スペクトラム障害（ASD）
自閉症スペクトラム障害(Autism Spectrum Disorder：ASD）は、「社会的コミュニケーションと社会的相互作用の障害」、「限定された、あるいは、反復した行動・興味・活動」の2つを主症状とする発達障害である。なお、DSM-5により、「自閉スペクトラム症」ともよばれる。

ことになっています。応援してね」2)。そして「Ｓ子ちゃんのことを嫌がったりからかったりする人がいるように感じます。Ｓ子ちゃんはどんな気持ちになっていたのでしょう。きっととても悲しかったと思います。先生もとても悲しいです」3)と毅然とした態度で言った。子どもたちはシーンとして聞いており、保育者の真剣で厳しい表情から、何がいけなかったのかを理解したようである。その日を境にＳ子に対する子どもたちの態度は一変し、からかう子どもは一人もいなくなった。

一方で、保育者はＳ子の母親に彼女の大好きなキャラクターのついているＴシャツを用意してもらい、園で着替えさせてみることにした。そばにいた女の子たちが「かわいいお洋服、着てみて！」と応援してくれた。機嫌が悪くなりながらも、なんとかＴシャツの袖を通したＳ子を見て、女の子たちは「がんばったね」「似合ってる」と次々に声をかけた。この日以来、子どもたちのやさしい声かけが増えていき、Ｓ子がみんなに混じって遊ぶ姿も見られるようになってきたのである。

●考察・留意点

自閉症スペクトラム障害には、感覚の面にも困難があることが指摘されている。Ｓ子の場合、感覚に過敏さがあり、着ること、食べることに強いこだわりをもっていた。しかし、彼女は知的な発達に遅れがないため、周囲にこれらのこだわりを理解してもらいづらく、からかわれたり、嫌われたりすることにつながってしまった。差別的な感情や、いじめにあたるような行為は、幼い子どもたちの集団においても見られることがある。そのようなとき、保育者は十分な配慮をしながら障害の特徴を周りの子どもたちに理解させていかなければならない。また、毅然とした態度で、子どもたちの心ない行為を正すことが必要である。しかしそのためには、日頃から子どもたちと信頼関係を築き、保育者の真剣さが伝わる人間関係を形成しておくことが大事である。

●演習課題

① クラスの子どもたちは、下線１)のような行為をどのような気持ちで行っていたのでしょうか。また、Ｓ子はどのように感じていたのでしょうか。

② 保育者は、Ｓ子のことを子どもたちに理解してもらうために、下線２)のように語りかけました。あなたならどのように語りかけますか。

③ 保育者は、Ｓ子に対する差別的な行いに対して、下線３）のように自分の思いを伝えました。あなたならどのように伝えますか。

④ 障害のある子どもに対するいじめや差別をなくすため、今後、保育者として、どのような姿勢で保育の場に臨めばよいかを考えてみましょう。

7－2　保護者への対応事例

●ねらい

わが子の障害を受容することは簡単にできることではない。なかでも発達障害の場合、障害がはっきりとはわかりにくく、親の心中はよけいに複雑になることもあるといわれている。また、在園中に発見されることが多いので、保育者にはこの時期の親のつらい気持ちに寄り添っていくことが求められる。ここでは、保育者がこのような親の思いをどう受け止め、どう共感していけばよいかという点について考えてみたい。

●事例「子どもの障害を受け入れようとする母親の支援」

H志（4歳8か月、男児）は、入園後、毎日のようにもめごとを起こしていた。おもちゃを横取りしたり、鬼ごっこのルールを勝手に変えて非難されるなど、トラブルが絶えない。そんなとき、H志は一方的に自分の言い分をしゃべり、友達や保育者のことばがまったく伝わらない。最後はかんしゃくを起こし、「みんな大嫌い！」と大泣きしてしまう。また、予定の変更が受け入れられず、「雨だからお外遊びはなしね」と言っても一人で園庭に出て行くことがある。無理に従わせようとすると保育者を蹴ったりかみついたりと大暴れになってしまう。そのたびに保育者は母親にH志の様子をていねいに伝えていたが、母親からはH志を心配することばは聞かれず、ただ「わがままですみません」と頭を下げるだけであった。園の会議ではH志のことが毎回取り上げられており、よい機会をとらえて専門機関を勧めてみるという方向が決まっていた。けれど、いつも母親が硬い表情をしているのでなかなか言いだせないままになっていた。

そんなある日、保育者はお迎えに来たH志の母親が目に涙をためているのに気がついた。「よかったらお話をうかがいましょうか」と誘うと、母親は次のような話をした。近所のある母親から「H志くんが乱暴するので子どもたちが公園で安心して遊ぶことができない。きちんとしつけてほしい」と言われたという。保育者には、園でのH志の様子から母親が家でどれほど苦労しているかが想像でき、彼女のつらさがよくわかった。そこで「それはつらかったですね。お母様が一生懸命H志くんを育てていらっしゃるのはよくわかっていますよ」1）とねぎらうと、母親はボロボロ涙を流しはじめ、これまでのつらい思いを話しはじめた。どんなに一生懸命やってもH志に伝わらないこと、母親仲間からはしつけがなっていないとよく責められ、家族でさえ本当のところは理解してくれていないこと。保育者はそれを一つひとつ受け止め、母親の切ない思いに共感した。そして「よくがんばってこられましたね。これからはお母様一人ではありませんよ。一緒に考えてやっていきましょう」2）と心から励ましたのであった。母親はその日はそのまま帰っていったが、翌日、再び相談があると来園した。よい機会かもしれないと保育者が、「私どもよりもっと専門的なアドバイスを受けられるところをご紹介いたしましょうか」と話を向けると、母親はそれをさえぎって「ええ、わかっています。実は、以前からＨ志には障害があるかもしれないと疑っていたのですが、それはとても受け入れがたいことでした。けれど、先生が昨日話を聴いてくださったので気持ちが落ちつき、専門機関を受診する勇気がわいてきました」3）と語った。

その後、Ｈ志は専門機関で自閉症スペクトラム障害と診断された。母親は保育者に「自分のしつけのせいではないとわかり、ほっとしました。でも同時に、Ｈ志に障害があるということが認められず、つらくてたまらないのです」4）と矛盾する気持ちを伝えた。それに対して保育者は、「障害があろうとなかろうとＨ志くんに変わりはありません。そのままを受け入れてあげて、Ｈ志くんの成長を支えるために何ができるか考えてみましょう」と伝えた。

●考察・留意点

保育者にとって、親に専門機関を勧めるのは大変に難しいことである。これは、それまで築いてきた信頼関係を崩してしまう可能性もあり、慎重に対応することが求められる。また、発達障害が疑われる子どもの親は、しつけが悪いと誤解されたり、発達障害のある子を育てる特別な苦労が理解されず孤独に陥っていることが多い。そのような場合は、まず忍耐強く親の気持ちを聴くことからはじめなくてはならない。この事例の母親は、保育者の共感により受診する勇気がわいたと自ら語っており、比較的スムーズに専門機関につながった例である。今後、保育者には、母親の障害受容を支えることや、保育の専門家として専門機関と連携を取り、Ｈ志を支援する手立てをもつことが求められる。

●演習課題

① 保育者は下線１）２）のように語りかけ、母親をねぎらったり励ましたりしています。あなただったらどのように語りかけますか。

② 下線３）で母親は保育者によって気持ちが落ちつき勇気がわいたと述べています。保育者のことばや態度の何がそうさせたのかを考えてみましょう。

③ 下線４）には、診断後の母親の気持ちが簡単に表現されていますが、母親の心中はもっと複雑なはずです。母親の気持ちを想像してみましょう。

事例8 ● 気になる子ども

8−1　子どもへの対応事例

●ねらい

５歳児クラスともなれば、素直に気持ちを表現せず、わかりづらい行動を取る子どもも当然いるはずである。保育者によっては、そのような子どもが気になり、彼らの複雑な感情が読み取れず、日々の接し方に思い悩むことがあるかもしれない。ここでは、保育者として、素直な表現ができない子どもをどのようにとらえ、どのような姿勢で臨んでいくべきかを考えてみたい。

●事例「保育者をわざと怒らせようとする子どもの気持ち」

T男（5歳9か月、男児）は、乱暴なところがあり、男の子たちに怖がられているボス的な存在であった。新年度がはじまったばかりなのに、保育者はT男にすでに困らされている。「絵本を読むよ」と言うと、T男は内容を知ってもいないのに「その絵本はおもしろくない！」と大きな声をあげる。歌を教えると、「この歌つまんない」と言い、「先生、音はずれているよ」と嫌なことを言うのであった。保育者が「おかしいな、先生、お歌上手なんだけど」とかわすと、「ウソつけ！　いっつも音はずれっぱなし」と叫ぶ1)。それは、まるで保育者を怒らせようとしてやっているとしか思えない態度であった。

T男は3人兄弟の真ん中で、現在、母親は4人目の出産のため入院中である。したがって、T男は家ではさびしい思いをしており、気持ちが荒れてこのような態度になっていると考えられる。しかし、この態度は彼の成長には決してつながらない。また、他の子どもたちへ与える影響も大きく、クラスの男の子たちは、すぐT男のまねをして同じ態度を取りだす。もし、このような雰囲気が広がるとクラス全体の意欲がなくなっていく。保育者は、なんとかT男と心を通わせ、彼が素直な態度を取るように導いていかなければならないと考えた。

まず、保育者は、T男のよいところを探してみることにした。彼はドッジボールが上手なのだが、それは誰もが知っていることである。今さらほめてもきっと喜ばない、と思いながらもドッジボールをしているところを眺めていると、T男はいつものようにどんどん当てていく。でも、よく見ると、身体の小さいM子や運動が苦手なM理を当てるときは痛くないように弱いボールを投げていた。

ドッジボールが終わってみんなが集まったとき、「M子ちゃん、T男くんに当てられて痛かった？」と聞いてみた。すると、「痛くないよ。T男くんはゆるいボールを投げてくれるもん」と言う。「T男くんはやさしいんだね」とT男の顔を見るとまんざらでもないようである。それ以来、気をつけて見ていると、T男は弱い子や小さい子に細やかに気を遣っている。机を運ぶとき手伝ったり、おもちゃを取り上げられた子がいたらそっと慰めにいったり。そんなとき、保育者はそっとT男のそばに行き何も言わずにっこり笑いかけるようにした。彼にはそれだけで「先生が見ていてくれる」と伝わるようだった。

その頃からT男に変化が見られ、絵本を読むと「おもしろかった」と素直に言うようになり、悲しいお話を聞くと涙をこぼす。また、いろいろな活動に意欲を見せるようになってきた。今、T男はとても意欲的になり、クラスではよい意味でのリーダーとなっている。そして、彼が立場の弱い子どもにもやさしく接するので、その影響からかクラス全体がやさしい雰囲気になってきた。

●考察・留意点

T男が保育者を怒らせようとするのは、気を引きたいという気持ちの裏返しであると予想がつく。彼はいつも自分を見つめていてもらいたいために、しかられることをして注目させようと保育者を挑発する行動を取っていたと考えられる。そこで保育者は、彼がそのような言動を取ったときはかかわらないようにし、素直な表現ができたときにはしっかりかかわっていくようにしていった。この方法は心理療法の一つ「行動療法」[※1]からヒントを得たものである。つまり、適切な行動を取ったときは本人にとって嬉しいことが起き、不適切な行動のときはなにごとも起きない状況を設定し、よい行動を増やしていくという方法である2)。要するに、この保育者は温かい気持ちを基盤にしながら、冷静で一貫した態度でT男に接して、彼との信頼関係を築いていったのである。

※1　行動療法
学習心理学の理論や法則を基礎にし、適切な行動の形成、不適切な行動の除去・変容を目指した治療技法をいう。たとえば、片づけを行ったときほめると、その後もよく片づけるようになるというのは、「ほめる」ことが褒美となり「片づける」という行動が強化されたと考える。

●演習課題

① あなたが保育者だったとして、下線1）のようなT男の言動に対してどのような感情をもちますか。また、どのように反応するでしょうか。

② T男はどうして下線1）のような言動を取ったのでしょうか。「考察・留意点」を参考にして、T男の心中を詳しく想像してみましょう。

③ 下線2）の「適切な行動」、「嬉しいこと」、「不適切な行動」、「なにごとも起きない状況」は、この事例では具体的にどんなことにあたりますか。

④ もしあなたがT男の担任であったなら、どのような方法で彼との信頼関係を築いていくかを考えてみましょう。

8−2　保護者への対応事例

●ねらい

ここでは表情が乏しく自己主張できない子どもの事例を紹介し、その背景にある家庭での問題、特に甘えることの大切さについて考えてみたい。また、子どものことで相談を受けた場合、保護者自らが原因や改善点に気づくよう援助していくことは大切である。そこで、保護者の気づきをどのように促し、不安をどのように支えるかを考えてみたい。

●事例「表情が乏しく自己主張できない子どもを心配する親の相談を受けて」

Y実（5歳4か月、女児）は、遊びたくても自分から友達の輪に入って行けず、また表情も乏しく、自己主張できないところがある。たとえば「イヤ」と言えずお気に入りのクレパスを貸してしまい、小さくなって戻ってくることなどしょっちゅうで、「ごめんね」と言われると、無表情で「いいよ」と返事する1)。こんなY実のことを母親はとても心配し、時どき来園しては、「Y実がこうなったのは姑が甘やかして過保護にしたからなんです。だから嫌なことでもはっきり言えない弱い子になったんです」とこぼす。

保育者にとってもY実は気になる子であったので、声をかけてみた。「Y実ちゃんはおばあちゃんが好きなんだね」。Y実は「うん、おばあちゃん好き。でもお母さんも好き。だからおばあちゃんに抱っこしてもらったら次はお母さんに抱っこしてもらうんだよ」。保育者が「いいね、2人に抱っこしてもらえて」と言うと、「だっておばあちゃんばかりだとお母さんがさびしがるし、お母さんばかりだとおばあちゃんがさびしがるから」2）と言う。これを聞いた保育者は、いつも表情の乏しいY実が、実はとてもデリケートな内面をもっていることに驚いた。そして、家庭において祖母と母の微妙な関係を感じて、気を遣っているY実の様子が目に浮かんだ。「Y実ちゃんはやさしいね。そんなY実ちゃんの気持ち、お母さんにお話してもいい？」と保育者が聞くと、「うん、いいよ」と嬉しそうに笑った。

Y実の話を母親に伝えると、「そんな気持ちでいたなんて気がつきませんでした」と驚き、「2つ下の弟は甘えん坊でわがまま放題なんです。そんな無邪気なところが私にしたらかわいくって。それに比べてY実には子どもらしさがないんです。でも、もしかすると、それは家での私の立場がわかっていて、Y実なりに気を遣って甘えられないでいたのかもしれません」と話した。「Y実ちゃんは安心して人に甘えて、だめなところも受け止めてもらえるという経験をする必要があるのかもしれませんね」と言う保育者に対して、母親は「そうかもしれません。だから園でも気を遣って自分の気持ちを抑えていたのでしょうね」と答えた。

そして、母親は目に涙をため、「あの子に悪いことをしていました。これからはＹ実が遠慮せずに私に甘えられるようやってみます」と言ったのである。

母親は朝、弟も連れてＹ実を園へ送ってきたが、次の日からはＹ実と２人だけで登園するようになった。最初の頃はおとなしく母親の横を歩いていたＹ実だったが、日が経つにつれ、笑顔で母親とふざけ合う姿がよく見られるようになった。そんなある日、母親からこんな相談があった。「なるべくＹ実に気を遣わせないようにしているのですが、これで本当によいのかと不安なのです。最近Ｙ実はわがままを言うようになってきました。よくお手伝いしていたのに『したくない』と言ったり、弟のおもちゃを取り上げたり」3)。そこで保育者は「園でもＹ実ちゃんは変わってきましたよ。友達が遊んでいる輪に『入れて』って自然に入っていけますし、おとなしい子を『この子も入れて』と連れてくることもありました。そして、以前より表情が豊かになり笑顔が多くなってきました」と伝えた。それを聞いた母親はほっとしたように「やっぱり間違っていなかったのですね」と。それに対して保育者は、「わがままが過ぎることがあってもＹ実ちゃんなら話すとよくわかってくれるはずです。信頼してあげましょう」と伝えたのであった。

●考察・留意点

Ｙ実は家庭で気を遣い、安心して甘えることができず、わがままな自分やだめな自分でも受け止めてもらえるという経験が少ない子どもである。それゆえ、園でも緊張して表情が乏しく、自己主張ができない状態になっていたのであろう。ところが、母親はその原因を祖母の甘やかしにあるととらえてしまっていた。そこで保育者は、Ｙ実の語った内容をそのまま伝えることで、母親に問題の本質を理解することを促している。また、母親が子育ての不安を訴えたときも、園での様子を伝えて安心させている。このような子どもの姿をそのまま伝える方法は、親の気づきを促し、子育ての不安を軽減させるのに大変有効であると思われる。そのためには、保育者が日頃から子どもの話に耳を傾け、様子をしっかり観察し、ゆがみのない子どもの姿をつかんでおくことが大事である。

●演習課題

① 下線１）のＹ実の気持ちを詳しく想像してみましょう。
② 下線２）から、Ｙ実の祖母や母に対する気持ちを想像してみましょう。
③ 下線３）では、Ｙ実の変化が語られていますが、彼女が“わがまま”になったのはなぜでしょう。また、Ｙ実の今後の成長を想像してみましょう。

事例 9 ● 異文化理解

9−1 子どもへの対応事例

●ねらい

担当クラスのなかに、ことばや文化のさまざまな違いをもった子どもを受け入れたとき、その子どもやまわりの子どもたちに対して、どのような配慮をしながらクラスづくりをすればよいのかを知る。

●事例「踊りの好きなアリッサちゃん」

アリッサ（仮名）は、父親の仕事の関係で最近日本にやって来たオーストラリア国籍の４歳になる女児である。両親は、アリッサに日本の文化を学ばせたいという希望で、居住先の近くにあるＫ幼稚園を選んだ。

Ｋ幼稚園では、はじめての外国人児童の入園であったが、それぞれの保育者の協力体制のもとに1)、まわりの子どもたちにも異文化経験をするよい機会になると、期待をこめて保育を進めていくことにした。また、担任保育者は、アリッサの生まれ育ったオーストラリアをクラスのみんなに知らせるために、地図や絵本、音楽などの視聴覚教材を積極的に取り入れながら、子どもたちのもつ世界観を広げていく努力をしていった2)。

アリッサは入園当初、日本語はまったくわからない状態であったが、積極的な性格で、自分から友達のなかに入って、遊ぶ姿が見られた。しかし、その反面、独占欲の強いところもあり、おもちゃなどを独り占めしてしまい、まわりの子どもたちに貸さない様子が見られた。あるとき、友達の１人が「おもちゃを貸してほしい」と訴えたが、譲らず取りあいになってしまい、相手をたたいて泣かせてしまった3)。このとき、担任保育者は、ジェスチャーを交えながら4)「おもちゃは、みんなで仲よく使うものだよ」と本人に根気よく説明をしたが、しばらくは同じようなトラブルが続いた。

そのうちに、クラスの子どもたちは、「アリッサちゃん、こわいんだ」と思うようになってきたので、担任保育者は、クラスのみんながアリッサのことを理解し、仲間意識が育つように、アリッサの得意なダンスを活かそうとを考え、自由遊びの時間に、軽快な音楽をBGMに流した。すると、楽しそうに踊るアリッサの姿にまわりの子どもたちもつられて、踊りの輪ができた。子どもたちからも「アリッサちゃん、ダンスが上手ね」と、相手を認めることばも聞こえてきた。

その後、アリッサ自身にも遊びのルールが身につき、友達関係も良好になっていった。

●考察・留意点

外国の子どもが保育の現場にも増えてきているなか、子どもたちの世界は、国籍やことばの壁を超えてすぐに友達関係が築いていけると安易に受け止めている保育者も多いのではないだろうか。確かに子どもは、大人が思っている以上に順応性もあり、環境に適応できる力をもっている。しかし、実際には、ことばや文化の違いなどにより、子ども同士のコミュニケーションがうまくいかないことも多い。また、保育者自身も子どもの訴えを理解できない、子どもも保育者の指示を理解できないといった相互の問題も生じてくる。

特に、日本語と母国語の両方を聞いて育つ子どもは、うまくことばを伝えられないことにイライラしたり、情緒不安定になり、ほかの子どもをたたいてしまうようなことが起こる。このような場合、保育者は子どもの心情面に寄り添いながら、家庭との連携を密にして、より丁寧なかかわりが必要になる。また、当事者の子どもに対する個別のかかわりだけではなく、その子どもを巻き込んで、よりよいクラスづくりをしていくためには、どのような援助や環境が必要なのかという２つの側面からとらえていく必要がある。

●演習課題

① 下線１）に示してあるように、外国人の子どもを受け入れた場合、園全体でその子どもを見つめていくチーム保育の効果は、どのような点にあるのかを考えてみましょう。
② 子どもたちの世界観を広げていくためには、下線２）で示してあるような視聴覚教材のほかに、どのような環境や方法があるのかあげてみましょう。
③ 下線３）のように、友達をたたいてしまった場合、たたかれた子どもに対して、どのような対応が必要ですか。また、その保護者から苦情があった場合は、どのような対処が適切かを考えてみましょう。
④ この事例の場合、保育者は、その子どものもっている個性をうまく引き出し、それを、他者（友達）にも理解させるような手だてを取っていますが、この援助はなぜ良かったと考えますか。
⑤ 下線４）で、保育者はジェスチャーを交えながら、コミュニケーションを取っていますが、他の手段も考えてみましょう。
⑥ ダンスが仲立ちとなって、クラスに仲間意識が芽生えてきましたが、あなたなら、ダンスを今後の保育のなかでどのように展開していきますか。

9－2　保護者への対応事例

●ねらい

ことばや食文化、子育て習慣など、外国人の保護者と保育所や幼稚園、認定こども園の間で誤解が生じた場合、どのような方法で相互の理解を図ればよいのかを考察する。

●事例「給食は、あれもだめ、これもだめ（食文化の違いによるとまどい）」

イランから来たヤコフ（仮名）は、３歳の男児で、大使館に勤める父親と母親の３人家族である。両親とも日本語をまったく話せないため、面談のときは、大使館から通訳の人が同行した。保育所側は、緊急事態など今後のさまざまな場面でスムーズに対応できるように、通訳の人に仲介役をお願いをして1)、連絡先を控えておいた。

イランでは、男の子を大切に育てるという子育て文化がある。ヤコフもひとりっ子のため、家庭では、なんでも母親にしてもらえるという習慣が身についていた。そのため、保育所に入ってからも、洋服の着脱やくつを履くことまで保育者の手助けを必要とした。しかし、保育者は、日本の保育所生活にそくした習慣2)を身につけさせたいという思いで、しばらく手助けをせず見守っていた。ところが、それがヤコフには苦痛だったようで、保育所へ行くのを嫌がった。早速、通訳の人に協力を求め、両親と面談した。このとき、保育所の方針などを説明して、理解を得るための努力をした。その結果、両親も納得してヤコフに言い聞かせてくれたので、次の日から保育所に来るようになった。

また一方で、宗教上の大きな制約があり、食事は豚肉、エビ、タコは一切受けつけられなかった。献立表をチェックすると「あれもだめ、これもだめ」で、結局、ヤコフは野菜とご飯、果物しか食べられないことが明らかになった。そのため、お弁当を持参3)してもらうようにお願いすると、イランではお弁当の習慣がないため、保育者がお弁当の意味を説明して、おかずのつめ方など具体例を示しながら協力を求めた。そして、母親は、毎日がんばってお弁当をつくって持って来てくれるようになったが、ヤコフ自身の食が細く、保育者が手伝っても、ほとんど食べないで残してしまう日々が続いた。保育所側もこのままではいけないと考え、しばらくの間、給食の時間には母親に来てもらい、食べさせてもらうことにした。ヤコフの母親は、まわりの子どもたちががんばって食べている姿を見て、息子が自分で食べられるように根気強く働きかけてくれた。

ヤコフは、１か月後には、持参したお弁当を自分で食べるようになり、「こんなに食べたよ」と保育者に中身を見せに来るようになった。

●考察・留意点

世界の国々には、それぞれに独自の文化があり、家庭内における子育ての方法にも違いがあるのは当然である。外国人の子どもに対しては、それをどこまで受け入れながら保育を進めていくかを考え、その一方で、日本の文化に沿ってもらうために保護者に理解と協力を求めていくことが必要となる。

事例にはあがっていないが、子どものケガに厳しい姿勢をもっている保護者が多いという。子どもがケガをした場合、なぜそのようなことが起こったのかという状況説明と園の対応について、保護者の理解が得られるまでしっかり話し合うことが重要である。

事例でもいくつかの場面にあるように「話しあい」は、外国人の子どもに対して保育を進めるうえで、とくに重要な鍵となっている。この場合、問題となるのは、ことばの壁であるが、事例にある通訳者のような、保育者と保護者の仲介役を担ってくれる第三者の介入が必要不可欠となる。

保育者は、日本の保育所や幼稚園、認定こども園にいるのだからという理由で日本の保育方法を押しつけるのではなく、さまざまな文化を尊重しながら、外国人の子どもが安心して育つことのできる保育環境づくりに努めなければならない。

●演習課題

① 日本語を話せない外国人の保護者のために、下線1）のような通訳者の存在は不可欠と考えられますが、適切な通訳者が見つからなかった場合に、あなたならどのような手段を用いて、外国人の保護者とコミュニケーションを図りますか。

② 下線2）で、保育者が、日本の保育所生活にそくした習慣を身につけさせたいという思いをもったことを、あなたは正しいと思いましたか。

③ 下線3）で、保育所ではお弁当を持参してもらうという手段を取りましたが、ほかに適切な方法はなかったか考えてみましょう。

④ お弁当の習慣のない国の保護者に対して、あなたなら日本の「お弁当」をどのように説明しますか。

⑤ 給食の時間に母親に来てもらったことは、当事者の子どもにとって、どのような効果があったのかを、事例から読み取ってみましょう。

⑥ この後も、ずっとお弁当を持参したほうがよいか、少しずつでも給食に移行していくべきか、あなたならどのような食計画を立てますか。

事例10 ● 保護者からの相談

10－1　保護者の教育方針と園の教育相談

●ねらい

「園への教育方針について保護者が意見を言う」とは、どういう意味だろうか。それはわが子の成長を強く願ってのことである。

ここでは、園の教育方針や取り組みに意見の相違がある場合に、どのように保護者と理解を図っていくのかを学ぶ。園と保護者が価値観を共有できる要素は、健全な子どもの発達である。その点で互いの意見を出しあい、一方的な立場に終始せず、相互に共通理解できるようにすることが大切である。

●事例「子どもが望まないことはさせないで」

年中児で入園した園児の母親が、保育のことで懇談したいと申し出があった。「母の日に向けてのお母さんの絵がきっかけで、子どもが登園を渋るようになりました。着替えも負担となっています」1）「園の保育の方針やあり方に違和感をもっています」「シュタイナーの教育思想※1がすばらしいと思います」2）とシュタイナーの教育哲学に沿った保育を望んだ。そして、「子どもの意思を尊重して、子どもが望まないことはあえてしないでほしい」3）との話であった。

当園も子どもの意思や意見を大切にして保育を行っており、子どもの気持ちや意向を無視した保育をしているわけではない。しかし、子どもの育ちを考えたうえで、すべてを子どもの意思に任せるという保育でもない。生活習慣や季節の行事や遊びなど、保育者の提案で行ったり、これから生きていくうえで必要な資質や能力を育む場面も当然ある。

担任は、その子の様子とクラスでの取り組みについて、一人ひとりに応じながらも、みんなのなかで自分らしく生活できるための生活習慣や片づけ、苦手なことを克服することなどセルフコントロールの大切さを伝えた。そしてその子の様子を報告しながら、お互いに理解を深め、双方が納得できるように連絡を取り合うことを伝え4）、合意が得られたことで話しあいを終えた。

※1　シュタイナーの教育思想
オーストリア出身のルドルフ・シュタイナーが提唱した教育思想。人智学（自然的事物に関する知識）に基づき、シュタイナー教育では、人間の成長を7年おきにとらえる。

●考察・留意点

子育てに独自の信念をもっている保護者、特定の保育観に傾倒している保護者、わが子だけを特別扱いしてもらいたい保護者、クラス編成や担任決めなどを園長に要求してくる保護者など、さまざまなことを園に要求する保護者が存在する。保護者と園の教育方針が異なり、両者が合わないようなとき、次の視点をもつことで、保護者との相互理解を図れるのではないだろうか。

① 保護者の要求は、実は子どもを思う親の不安の表れと理解する

保護者は子どもによいと思うからこそ、担任や園に要求してくるのである。まず、親の要求に、理解できる・理解できない、園で対応できる・できない、保育について理解がなされていない・誤解されている、理解しているが指導に不満など、整理してみることが大切である。その考えに共感できるものについては、共感同意することも大切である。意見が相違する部分は、保護者の意見に理解を示したうえで、園の考えも理解してもらうよう働きかける。

② 園の取り組みや子どもの育ちを、園だよりやクラスだよりで具体的なエピソードに置き換えて教育の方針を伝える

保育者が「育ったなあ」と実感していることが、保護者には案外伝わっていなかったり、理解されていなかったりする。園の取り組みや子どもの育ちを見る視点がわからないこともあるので、それらの視点や価値観を目に見える行事だけでなく、日頃の園だよりやクラスだよりで伝える。

また、短期間ではわからないが、長期的に振り返ることで見えてくるものもある。保護者と一緒に振り返ったり、子どもの成長を物語ったりすることも大切である。

③ 批判や反発心でなく、気持ちをくみ取り、理解しあい、協力していこうという雰囲気づくりが大切である

保護者が自分の思いを理解してもらえたという実感が解決を導くのである。しかし、どうあっても保護者と相容れられない場合は、人員の事情や教育目標、教育課程などで、できないことはできないと伝えることも大切である。

●演習問題

① 下線1）で、この子どもが登園を渋るきっかけとなった家庭での様子を考えてみましょう。

② 下線1）で、この母親は、本当はわが子にどうなってほしいと思っていますか。

③ 下線2）のように、特定の思想をもち出されたとき、どう対応しますか。

④ 下線3）のような保護者の意見に対し、あなたはどのように答えますか。

⑤ 下線4）で、子どもの様子を報告するとありますが、どのような内容を伝えていけばよいでしょうか。

10－2　しつけの問題

●ねらい

幼児期のしつけといえば、生活習慣の獲得や好き嫌いをなくすことなどが一般的だった。しかし、豊かな時代といわれる今、多くの親も子どもたちも、経済的な事情で食べ物がないという苦労をした経験がない。偏食についても、順調に身長・体重が増えているならばいっこうに構わないという保護者もいる。このように今まで当たり前だと思われたしつけのあり方が揺らぎだし、一見子どもの意志に任せるようなしつけの考え方を相談・要求してくる保護者にどう応えたらよいのだろうか。

ここでは、偏食を取り上げ、それをなくすことが、幼児のどのような育ちにつながるのかを考えていく。

●事例「嫌いなものを食べさせないで」

入園後の５月、年少組Ｂ子の母親から相談を受けた。「野菜嫌いでかたくなに野菜を食べようとしないのです。私は、娘の好き嫌いを直して、食べてもらいたいと思うのですが……。食事にも必ずサラダを入れたり、ハンバーグにも野菜を入れたりして努力しています。ハンバーグは食べるのですが、生野菜や温野菜はいっこうに食べません。先生どうしたら食べられるようになりますか」1）。さらに、母親は次のように話した。

「幼稚園での給食に出るので食べるように勧めていると、父親が『嫌いなものを無理に食べさせることはない。その栄養素をほかで補えばいい。今は嫌いでもそのうちに食べられるようになっていくのだから、無理に食べさせる必要はない。自分も野菜が嫌いだったのに大きくなって食べられるようになったのだから』2）と、幼稚園でもそのように対応してもらうようにお願いしてくるようにと言われ、今日参りました」。

父親は、幼稚園でも子どもに嫌がるものを無理に食べさせなくてよいとのこと。確かにＢ子は、幼稚園でも嫌いな野菜は口にしないし、先日わざと食器を床に落として野菜を食べられないようにしてしまった3）。

嫌いな野菜を無理せず徐々に食べられるようにして、偏食を直していくのが幼稚園の給食の指導方針である。父親の言うように嫌いなものをあえて食べさせないでよいのか、どのように保護者に理解してもらい4）、Ｂ子にはどのように対応すればよいのか5）、保育者は悩んでしまった。

●考察・留意点

家庭のしつけについては各家庭に独自の考えがあり、幼稚園や保育者がそれぞれの考えに安易に立ち入ることは難しくなってきている。ただその考えは、きちんとした知識や経験の裏づけによるものではなく、大人の感覚での安易な思い込みであることもある。食の問題は、子どもの健全な成長に直結する問題であり、子どもの健全な成長のために、園は適切で必要な知識について積極的に保護者に働きかける必要がある。

この事例のように、好き嫌いをなくさなくてよいという保護者もいるが、好き嫌いの激しい子どもにとって、家庭以外での食事——たとえば小学校の給食などでネガティブな感情や体験をすることにつながる。心身の成長期にある幼児が、栄養バランスの取れた食事を摂ることは重要である。父親の言うように、好き嫌いがあってもよい、ほかで補えばよいという考え方は、カロリーや栄養素的には不足しないかもしれないが、嫌いな料理が多いと食事を楽しめなくなり、友達と給食を食べるのが負担に感じるようになる。逆に「食べる」ことを強制しすぎると、もっと嫌いになることも考えられる。

好き嫌いの多い子どもを見ていると、いわゆる「食わず嫌い」の子どもも多くいる。一口でも口にしたことをほめていく、まわりの友達がおいしそうに食べる姿を見て、自分も食べてみようという気持ちになる、あるいは、自分たちで野菜を育てる、自分たちで料理をするのも、食べるという意欲を喚起する。また、忘れてはいけないのが、家庭でどのような食生活を送っているかである。テレビを見ながら、一人で食べる（孤食）などの食生活を送っている子どもも増えてきている。家族が一緒に食事をする楽しい食生活は、親の愛情を確認でき、食欲をかきたて、食に対する満足感を得ることができる。この事例に関しては、家庭にはこのような食についての考えを伝えること、保育現場での指導で、無理やりではなく我慢強くＢ子が食べたくなるようにかかわり、その姿を伝えていくことで、Ｂ子の家族の考えが変わっていくよう連絡することやＢ子の姿を見てもらうことが効果的であろう。

●演習課題

① 下線１）のように、偏食についてさまざまな原因がありますが、それについて調べて偏食を直す手立てや対応策について考えてみましょう。
② 下線２）の考え方について、よい面とよくない面について考えてみましょう。
③ 下線３）のような行動を取ったＢ子に、どのように対応しますか。
④ 下線４）で、Ｂ子の父親にどう理解してもらうか考えてみましょう。
⑤ 下線５）で、Ｂ子への今後の対応と取り組みについて考えてみましょう。

10－3　子育ての悩み①――子どもとのかかわりが上手にできない

●ねらい

園生活のなかで、幼児の問題と見られるさまざまな行動について、その要因を考え、幼児への理解を深め、保育者の望ましい援助を考える。

また、家庭での生活の状況や親の願いをとらえ、家庭との信頼関係を築いていくための連携の進め方について考える。

●事例「トラブルばかり起こすA児としかってばかりの母親」

A児は、２年保育の４歳児で、入園当初から活発に動きまわる男児である。６月中旬になり他の幼児が落ち着いてきて、自分なりにやりたいことに取り組みはじめるようになると、おもしろそうだと感じた場に入って、友達が使っている遊具を取り上げたり、自分の思う通りに進めてしまったりして、たびたびトラブルになることがあった。この日も、他の子どもが保育者に新聞紙の入った大きなビニール袋を天井にぶら下げてもらって「お化け」に見立て、順番にその「お化け」をたたき合って遊んでいた。そこに来たA児は、はじめのうちは他の男児数人と交互に「お化け」をたたいていたが、そのうち、その袋を抱きかかえてしまい、他の男児たちが「ダメ」「順番だよ」と言っても、A児は袋を離さず、とうとう袋の取り合いになり、袋が天井から取れてしまった1)。

保育者は、A児がトラブルを起こすたびに、他の子どもの思いなどをていねいに伝えていたが、トラブル場面ばかりでA児にかかわっていることに気づき、A児が使えるものや場を設けたり、一緒に遊んで楽しいと感じるようにしたりするなどの援助をするように意識した。A児は徐々に落ち着いてはきたが、ちょっとしたことで遊具の取りあいになったり、友達を自分の思い通りに動かそうとする状況が見られた。また、A児は、持ち物の片づけに大変時間がかかり、A児が遊びはじめたときは、他の幼児の遊びの場が広がっているという状況も見られた。

保育者は、個人面談の場で、A児の母親に幼稚園の生活をとても楽しんでいること、友達と遊びたいという思いは強いが、なかなかうまく思いが伝わらない場面があることなどを具体的に話した。そして、母親に家庭での生活の様子や母親がどのようにA児に声をかけているのかなどを尋ねた。

A児は幼い頃から親の言うことをほとんど聞かず、突然走り出すなど思いがけない行動をするので、母親はハラハラしていて、厳しい口調で「A児、なにしてるの」「だめでしょ」としかることが多いという。また、洋服の脱ぎ着や食事などでは、「早くしなさい」を繰り返し、結局やってあげてしまうとのことだった2)。その様子は、悩んでいるというよりは疲れているという様子だった。

●考察・留意点

A児は、探索的に動き回っているところから、「遊びたい」という欲求は強いが、自分なりに興味をもった遊具や素材を使い、安定して友達と一緒の場にいることの楽しさを味わうまでに至っていない状況と考えられる。また、友達とのかかわり方では、攻撃的になってしまうこともある。こうしたA児の行動のとらえ方によって、保育者の援助の仕方も異なってくる。

トラブルは、友達とかかわる場面で発生することが多く、その場合はていねいに友達の気持ちを伝えたり、かかわり方を伝えたりすることも大切な援助ではあるが、A児自身が楽しめるような援助を大切にしながら、保育者と信頼関係をつくっていくよう配慮することが重要である。

保護者は、他の保護者からA児に「やられた」「いじわるされた」ことなどを耳にしていると考えられる。そのため、A児に厳しく「仲よくしなさい」「けんかはしない」などとしかったり、保育者に「わが子をよく見てほしい」と願いを訴えたりする。こうした場合、保育者がA児を「困った子ども」と見ていると、保護者の信頼を得ることが難しくなる。保育者が温かい思いでA児を見ていることや具体的なかかわりなどを伝えながら、家庭でのA児とのかかわり方や生活を振り返ってもらうきっかけをつくっていくことが大切である。そうしたことの積み重ねが、保護者との信頼関係につながっていく。

また、A児の保護者だけではなく、周囲の保護者に対しても、子ども同士のトラブルは子どもの成長にとって大切な経験であること、見守っていくことも大切であることなど、機会のあるごとに伝えていくことも必要である。

●演習課題

① 下線1）で、A児が、「お化け」のビニール袋を抱えてしまったのはなぜだと考えますか。また、この場面で、A児や他の幼児へどのようにかかわればよいでしょうか。

② あなたが保育者だとして、下線1）の場面をA児の母親にどのように伝えますか。

③ 下線2）のようなA児の母親の悩みを支えていくには、どのようなことに配慮しますか。

④ トラブルを起こしやすい子どもについて、他の保護者の不安にどのように応えていきますか。

⑤ 学級経営のなかで、A児のような幼児をどのようにとらえて、指導していけばよいのでしょうか。

10－4　子育ての悩み②——家族の協力が得られない

●ねらい

幼児が安心して園生活を送れるようにするために、園は保護者とどのようにかかわり、どのようなことに配慮するかを考える。また、保護者の生活状況を把握し、それを支えていくようにするためには、どのようなことに配慮するかを考える。

●事例「子育てのプレッシャーから体調を崩した母親を支えて」

B彦（5歳、男児）は一人っ子で、近隣で店を営む祖父母や叔父、叔母の住むビルと同じビルに住んでいる。父親は会社員で、朝早く出勤し帰宅も夜遅いことから、B彦と遊ぶことが少ない。幼い頃から大人のなかで育ったこともあってか、保育者など大人とおしゃべりすることが好きで、明るく人なつっこい性格であった。遊びの場面では、ヒーローになって戦ったり走り回ったりすることが好きで、声や身振りも大きく大胆で、それが魅力でB彦のまわりにはいつも友達がついてまわっていた。

保育者は、B彦のエネルギーあふれる様子を頼もしく思いながらも、乱暴になりがちな行動には、そのつど声をかけたり、保育者が互角に相手になり、力加減を知らせたりしていた。それでも、B彦は、園に来るのが楽しみのようで、元気に登園し、毎日走りまわっていた。母親は、保育者とも明るい表情で話す様子が見られていたので、保育者を信頼していると思い、園での生活をあまり詳しく伝えてはいなかった1）。また、母親同士の会話も明るく、楽しんでいる様子であった[※2]。

※2　B彦の母親は、大変まじめで神経が細やかで、表面的には明るく誰とでも気軽におしゃべりするように見えるが、実は、明るくなくてはいけない、ものわかりのよい母親でなくてはいけないととても気を遣い、負担になっていたようだ。

2学期当初、B彦の母親から「私の体調がよくないので1週間ほど休ませます」との連絡を受けた。その後、母親はB彦をつれて実家に戻っていることがわかった。電話で母親の話を聞いてみると、実は母親はB彦のトラブルがとても気になり、みんなに迷惑をかけているのではないかと心配していたとのことだった。何度か連絡を取りあい、1か月ほどして、母親は体調を見ながら、少しずつB彦を登園させるようになった。そして、B彦のことについて夫になかなか相談することができないこと、姑からは店を手伝ってほしいとの要望があったが、体があまり丈夫ではないので手伝えないことなど、さまざまなプレッシャーから体調を壊してしまったと、少しずつ気持ちを表すようになった。保育者はまわりの母親たちに、B彦親子を温かく迎えてほしいことを伝え、雰囲気づくりに努めた。それに支えられて、母親も健康を少しずつ取り戻していった。

●考察・留意点

保育者は、B彦がときにはトラブルを起こすことはあるが、すぐに気づいて友達に謝ったり、友達の言い分を聞いてあげたりする様子も見られていたので、徐々に友達とのかかわり方も変わってくるだろうから大きな問題ではないと考えていた。また、母親が保育者に好感をもっているととらえていたため、B彦の園での生活の様子を母親に伝える際も、それほどきめ細かな配慮をしてこなかった。保育者は、一人ひとりの子どもの状況をとらえて保護者に伝えているが､母親の性格や物事の受け止め方にも配慮して、「何を」「どのように」伝えるか、明らかにしておくことが重要であることを示している。

保育者は、B彦の長期欠席からはじめて母親の不安に気づいた。電話でのやりとりではあったが、母親の訴えを辛抱強く聞き取り、母親の思いや不安、体調のことなど状況を把握することができた。家庭での母親の不安や不満、おかれている立場などは、園はなかなか把握することが難しい場合がある。

B彦の場合、こうした母親の不安感がB彦の園生活に直接表れていたとはいえない状況だった。しかし、このことをきっかけに、保育者が母親の気持ちを受け止めようとする姿勢になったこと、久しぶりに登園したときにまわりの母親たちが温かく受け入れたことなどが、母親の気持ちの変化へのきっかけになったようである。だが、父親は、電話で欠席の連絡が数回あっただけで話をするところまでは至っていないし、父親参加の園行事にも出席していない。B彦の家庭での生活は、まだ不安定な要因を抱えているといえよう。

母親自身が自信をもって子育てができるようになること、適切に自分を主張したり相手の思いを受け止めたりできるようになることが、B彦にとっても大切と考える。園としても引き続き母親を支えていくこと、B彦の母親も含めた親同士の支えあう関係を育てていくこと、機会を見て父親にも園に来てもらえるような働きかけをしていくことなどが重要である。

●演習課題

① 下線1）で、信頼関係があるからと、保育者はB彦の園での生活を詳しく伝えていませんでしたが、保護者に子どもの園生活への理解をもってもらうためには、どのようなことに配慮することが大切ですか。

② 園児の家庭での生活の様子や保護者の性格や考えを知るために、保育者は保護者とのかかわりでどのような工夫が必要ですか。

③ 園が親の子育てを支援するために大切なことは、どのようなことですか。

④ 保護者と信頼関係を築くとは、どのようなことだと考えますか。

10－5　就学に向けて①――公立と私立

●ねらい

小学校への就学で、公立の学校を選ぶか私立の学校を選ぶかは、保護者の意思であり、保育者が立ち入るべきではない面もある。保護者の相談に対応するにあたって最も大切なことは、保護者の教育観を把握するとともに、その子どもにとってよりよい教育環境となる学校を選択できるよう、保護者自身が見極める過程を支えることである。

保護者が相談に来るときは、必ずしも順序だてて理由を話すとは限らず、自分の気になることだけを話す場合もある。そうした場面で、保護者の気持ちを確かめつつ、保護者自身が答えを見いだせる方策を探ることがポイントである。

●事例「自由な校風の私立小学校に入れようと思うのですが……」

５歳児のＳ史は、製作が好きで、なにかつくりはじめると長い間集中し、自分のイメージが実現して満足するまでやり遂げようとする。しかし、友達との遊びのなかで自分の思いが通らないと、すぐに遊びから抜けてしまう。また、クラス全体での活動には参加するが、わざと集団から外れ、保育者が自分を追いかけてくれたり抱きしめてくれたりすると、心から嬉しそうな表情をする。

Ｓ史が年長に進級するにあたって、母親は、小学校の学区域が同じ子どもと一緒になれるような学級編成をしてほしいと要望してきた1)。それについては、園長が学級編成の基本的な考え方を説明し、要望には応じられないことを話したが、結果的には学級に同じ学区域の子どもが数名いて、母親は安心したようであった。

母親は、子どもたちを自然のなかでのびのびと遊ばせる活動団体の趣旨に賛同し、その活動にＳ史を参加させるために幼稚園を休ませることもあった。一方で担任からＳ史のクラス全体での活動への参加の様子を聞いても、あまり関心を示さない。遅刻も多かったので、保育者から登園時刻を守ることなど、集団生活の決まりに関する意識づけについて家庭の協力を求めても、「気をつけます」と言いつつ改善しない状況が続いた2)。

２学期になって、突然、母親が私立小学校に進学させようかと考えていると言ってきた。聞いてみると、Ｓ史の兄が公立小学校で友達ができず孤立して不適応を起こし、家庭でも荒れた行動を取るので、どうしてよいかわからなくなったようである。自由な校風を特色とする私立小学校に転校させたところ落ち着いてきたので、「Ｓ史も同じ私立小学校に入れようと思うのですが……」3)と言う。

また、受験時に小学校に提出する内申書を書いてほしいけれど、無理によいことを書いてほしいとは思わない。正直にＳ史の悪いことを書いてもらって入学不合格になったとしても構わない4）と言う。

●考察・留意点

私立学校は、創立時より建学の精神を中心に据えて教育課程を編成しており、宗教的精神を中核にした情操教育を重視したり、外国語を早くから教育活動に取り入れたりするなど、特色を明確に示している。

一方、公立の小学校でも、近年は、学校ごとに特色のある教育活動を展開している。一人ひとりの個性を伸ばす教育や環境教育を特色としたり、体力づくりを重視したりするなどさまざまである。ただし、公立小学校の場合は、ほとんど学校区が決められており、特色が示されていてもどの小学校を選ぶかの選択は認められていない場合が多い。そこで、保護者はこうした学校の特色を把握したうえで、地域の公立学校を選ぶか、私立小学校のなかから自分の教育観に合う学校を選ぶかということになる。

いずれにしても、小学校に入学して生活するのは子どもである。その子どもの個性を受け止め、発達を促す教育を進めていけるのはどの学校かを見極めることが重要である。この事例の場合、私立学校への就学を考えはじめたきっかけを確認しておく必要がある。

●演習課題

① なぜ母親は、Ｓ史の年長組進級にあたって、下線１）のようなことを要望してきたと考えられますか。

② 下線２)のような場面で、保育者として母親に対してどのようなアプローチをすることが必要だと考えますか。

③ 下線３）のように母親は考えていますが、Ｓ史にとってどのような教育環境がよいのか、Ｓ史のよさを伸ばすことにつながるかなど、具体的に検討する視点を提示する必要があります。あなたならどのような視点を提示しますか。

④ 母親は、なぜ下線４）のようなことを言ったと考えられますか。また、そのとき、あなたならどのような対応をしますか。

⑤ 就学に向けて公立か私立かの選択に悩む保護者に対応するにあたって、基本的に配慮すべきことはなんですか。

10－6　就学に向けて②——普通学級と特別支援教育

●ねらい

保護者は、子どものことばや動きの様子から、なにか発達障害があるかもしれないと薄々感じていることがある。しかし、「もう少し待てば、わかるようになるかもしれない」「できるようになるかもしれない」など、不安と期待のなかにいることも多い。とりわけ、就学に際して、普通学級に入ることができるかと不安になることもある。障害があると感じてはいるけれども認めたくない、ここでは、そんな親の迷いや葛藤に対する理解を深めたい。

●事例「やっぱり、普通学級に就学させたい」

D輔は5歳児で、自分から話しかけることは少なく、問いかけに対してはうなづいたり単語で応えたりすることが多い。D輔の母親は小学校教員免許をもっていて、4歳入園の時点でD輔に自閉スペクトラム症があるとの診断書を提出し、指導にあたって特別の配慮を求めてきた。

D輔は5歳児になってから2語文で応えることもできるようになり、単純な指示には的確に反応するようになってきた。しかし、担任保育者がクラス全体に話しかけたり指示をしたりするとき、D輔はこれまでと違うことがあると理解できず戸惑ってしまう。そのようなときは、担任保育者の適切な援助やことばかけがあると、ほかの子どもの様子を見て、後からついて行くことが多い状況であった1)。

担任保育者は、D輔への個別指導を工夫するとともに、母親に対して、D輔のことばや生活技能獲得をめざして幼児教育相談施設で月数回の療育を提案したが、弟の同行が難しいなどの理由で実現していない2)。

就学前健診の時期になって、母親は、普通学級に通わせたいと相談に来た。担任保育者が話を聞いてみると、学区域の小学校には特別支援学級はなく、それがある最も近い学校でも、車が通る道を20分ほど歩かなければならない。できればD輔が一人で登下校できる学区域の学校に通わせたいと言う。

担任保育者は、D輔の生活技能やことばの理解・コミュニケーションの障害について、幼稚園の集団のなかで、刺激を受けることでD輔が変容したことなど、具体的な姿を示して確認した。同時に、その変容の背景となった幼稚園の生活や学びのスタイルと小学校における学習のスタイルの違いについても話しあい、D輔にとって最も有効な学びのスタイルはどのようなものかを見極めようと提案した3)。

その後、母親は、ことばの理解や生活技能の獲得のために、D輔を幼児教育相談施設に週１回通わせはじめ、相談の状況やＤ輔の変容を保育者に報告するようになった4)。そして就学時健診において、Ｄ輔の発達の状況や理解のレベルについて申し出たうえで、普通学級への就学を求めた。

●考察・留意点

母親は、小学校の教員免許をもっており、小学校での学習指導がどのように進められるかをある程度知っている。言い換えると、子どもはどのような教師のことばかけや学級の子どもたちとの相互作用のなかで学習を進め、自分の力として身につけていくかを知っているのである。

Ｄ輔に発達障害があることも認識しており、自閉スペクトラム症の診断書をすでに入園時に提出している。また、幼児教育相談施設への通所のスタートは遅れたが、かねてより生活技能やことばの獲得に向けて家庭でも努力し、保育者にも積極的に支援を求めていた。

２年間の幼稚園生活のなかで、Ｄ輔のことばは少しずつ増えており、友達の後についていくような形で遊んでいる。普通学級の学習活動のなかで、Ｄ輔なりのコミュニケーションの方法を身につけ、ことばによる知的な理解がどこまでできるかが課題である。

●演習課題

① 下線１）の様子から、Ｄ輔は、話や状況の理解がどの程度できていると考えられますか。

② 下線２）で、母親は、入園時に診断書を出しており、特別支援教育の必要性については認識しているにもかかわらず、なぜ幼稚園の入園初期から幼児教育相談施設へ通所することをためらったと考えられますか。また、この場合、保育者としてどのようなことばかけをすればよいですか。

③ 下線３）の場面で、普通学級の学習形態のなかで、Ｄ輔がどれだけ知識や技能を身につけられるかを検討するとき、あなたなら、保護者とどのような話しあいをもちますか。

④ 下線４）のように、Ｄ輔が幼児教育相談施設に通うようになり、保育者の報告がなされるようになった状況で、保育者は母親にどのような対応をすることが求められますか。

⑤ 受け入れ予定の学校等からの問い合わせに対して、園としてどのような情報提供や配慮が必要ですか。

10－7　特別な事情がある家庭

●ねらい

特別な事情がある保護者とどのように信頼関係を築いていけばいいのだろうか。話したいことがあっても、家庭内の複雑な事情があればあるほど、園や保育者には言いにくい場合が多い。また、そのような話を聞いたとしても、園や保育者としてできることも限られている。個別の事情といってもさまざまなので、どのように対応するか、その時どきでの判断が要求される。

●事例「私の話を聞いてくれる人がいない」

離婚をして働きながらひとりで子育てをしているＡ子（４歳、女児）の母親から、「どうも担任は私とゆっくり話をすることを避けているようだ」1）という苦情が来た。母親が働いているため、毎日夕方まで預かり保育を利用しているが、預かり保育担当の保育者とは子どもの様子などの話をしても、担任の保育者は自分と話をすることを避けているような感じがすると言う。

預かり保育担当の保育者とは、お迎えのときに毎日顔を合わせ、その日の様子を話しているので、担任の保育者と話す機会が少なくても連携が取れていると思っていたが、母親はそう思っていなかったようである。迎えに来るＡ子の母親はいつも急いで帰ろうとすることが多く、担任保育者も話す機会を探ってはいたが、話せないでいることが多かった。

そこで、Ａ子の母親から苦情を受けたことを好機ととらえ、担任保育者はゆっくりＡ子の母親と話しあう機会を設けた。

Ａ子の母親が直接訴えてきたことは、「普段の保育のなかで、自分の子がどのように過ごしているのかがわからない。だからもっと担任とも話をしたい」2）というものであった。担任保育者も、日々忙しそうなＡ子の母親とどのように話をすればよいか悩んでいることを伝えるなかで、今後、園でゆっくり話す時間はあまり取れそうもないので、しばらくは夜の話せそうな時間帯に、担任保育者から電話をするということになった3）。

次の日、担任保育者からＡ子の母親に電話をしてみると、Ａ子の母親は担任保育者の話すＡ子の様子にはほとんど関心を示さず、夜、子ども以外にゆっくり話す人がいないことや、仕事に追われてゆっくり子どもにかかわってあげられないもどかしさなど、自分のことを一気に話しだした4）。

●考察・留意点

特別な事情がある保護者（たとえば、ひとり親やステップファミリー[※3]）が、その事情を理解してもらったうえで話せる人がどれだけいるかというと、現実には少数しかいないことが多い。特別な事情は、園や保育者に対してもできるだけ知らせたくないと思っている保護者が多い。

保育者は、子どもが園で生活をするために、保護者があえて園や保育者に事情を話さなければならない気持ちを受け止める必要がある。また、保護者のほうも、園や保育者がその事情を知ったからには、そこでどのようにかかわってくれるのかを期待している。この事例の保護者も、ひとり親として子どものために一生懸命働いており、その気持ちを受け止めてくれたり、子どものことを通して、自分の話を聞いてくれる相手を求めていたのである。この事例では、しばらく担任保育者が電話で話をするようになると、母親の気持ちも安定し、頻繁に電話をすることもなくなった。

もちろん保育者がどこまで保護者の話し相手になればよいかは議論が分かれる。ただ、個別の事情がわかっているだけに、ほかの保護者よりも伝えるタイミングに注意を払ったり、時間を確保するなどの配慮すべき点がある。

特に預かり保育や長時間保育が一般的になると、保育時間が長くなるために、担当する保育者も交代制になり、担任保育者が保護者と会う機会が減ってしまう。そのような場合に、時間外勤務となり難しい場合もあるかもしれないが、夜、担任保育者から保護者の自宅へ電話をかけるなど、なんらかの工夫が必要になってきている。

※3　ステップファミリー
夫婦の片方、あるいは両方が子連れで結婚・再婚してできた家族のこと。

●演習課題

① 下線1）のような苦情という形で表面化したA子の母親の訴えを、あなたならどのように受け止めますか。

② 下線2）の「クラスでのA子の様子を知りたい」という母親の訴えに、あなたならどのような話をしますか。

③ 下線3）のように、特別な事情がある保護者と一般の保護者との間で対応に差ができることや、勤務終了後の夜に保護者に電話をすることについて、あなたはどう思いますか。

④ 下線4）のようなひとり親家庭の母親の「さびしさ」に、保育者はどのように対応すればよいと思いますか。

⑤ 預かり保育担当の保育者と担任保育者はどのような連携が必要ですか。

10－8　保護者同士のいざこざ

●ねらい

保護者同士の関係が悪くなったときに、園や保育者が両者の間にどこまで立ち入ることができるのかは難しい。双方の保護者の思いを聞くなかで、園や保育者には何ができるのかを見極めていく必要がある。

●事例「近所に住むＹ子の母親が自分勝手なんです！」

年少のＫ子とＹ子は家が近いため、入園前からなにかにつけて一緒に遊んでいることが多いものの、母親同士が仲よく話している姿はあまり見られない。また、保育者は、最近、特にＫ子の母親の表情が暗いことが気になっていた。

年少から年中への進級が近づいた頃、Ｋ子の母親が保育者に話があると言って、来年度のクラス分けについて相談してきた[1)]。時間を取ってゆっくり話を聞いてみると、どうもＹ子の母親とうまくいっていないということである。

Ｋ子の母親にとっては、Ｙ子の母親は何事にも大ざっぱで、子どもにもあまりかまわず、放任的なかかわり方をしているように感じているようであった。子どもにはていねいにかかわることが大事だと思っているＫ子の母親からすると、Ｙ子の母親の態度が許せないという[2)]。家が近いため、Ｙ子はＫ子と遊びたくて、家に来てあがり込んで遊んだり、おやつを食べたりするが、Ｙ子の母親はそれに対して当たり前とでも思っているのかお礼も言わず、Ｙ子も遊んだものを片づけていかないという。また、Ｙ子がＫ子を自分の家に呼んで一緒に遊ぶことはほとんどないとのことである。

Ｋ子の母親は、このような関係が今後も続くと思うとできるだけかかわりたくないと思うのだが、Ｋ子はＹ子と一緒に遊びたい気持ちがあるので、複雑な心境だということであった。

保育者から見ると、園で遊んでいるＫ子とＹ子の関係はそれほど悪いものではなく、Ｙ子が一方的にＫ子を指示するような遊び方をしているということもないが[3)]、Ｋ子の母親からすると、せめて園ではほかの友達と遊んでほしいというのであった。保育者は、来年度のクラス分けも含め、Ｙ子の母親ともどのようにかかわっていけばよいのか悩んでしまった。

●考察・留意点

K子の母親は、Y子の家が近所にあるということもあって、長年にわたってY子の母親のことで悩んできた。それでも、K子とY子の仲がよいこともあって、入園後もY子の母親の自分勝手さを黙認してきた。しかし、最近になって、どこかで少し距離をおきたいという思いが強くなってきたようだった。

クラス分けをきっかけにY子の母親との関係を園で話してくれたが、K子の母親は、どこかで、これまでたまっていた思いを聞いてほしいと思っていたのではないだろうか。話を聞くと、Y子にも、「Kちゃんと一緒に片づけお願いね」などと、その場で言ってしまえばいいことも多いのだが、近所という手前、無用なトラブルを起こしたくないという気持ちが強いようだ。

園での２人の様子も伝えながら、なにかのきっかけに、Y子の母親にK子の母親の思いを上手に伝えられるといいのではないかと思う一方、園ではY子とK子だけの関係にならないように、ほかのクラスの友達も加わった関係へと広げていくよう心がけた。K子とY子の２人だけの関係が続いたまま、幼稚園だけでなく小学校でも同じクラスになる可能性があり、K子の母親が将来のことまで考えてさらに不安になると、親同士の関係もますます行きづまってしまうことになる。そこで、保育者は、K子の母親に、K子とY子の友達関係の変化に伴い、適度に距離をおきつつY子の母親とつき合うことを提案した。

●演習課題

① 下線1）について、進級に伴うクラス分けについては、親の希望を聞かないことが一般的ですが、K子の母親のような個別の訴えにどのようにかかわればよいでしょうか。

② 下線2）のようなK子の母親の気持ちをどのように受け止めればよいでしょうか。

③ 下線3）のような園でのK子とY子との関係を、どのようにK子の母親に伝えたらよいでしょうか。

④ 「考察・留意点」にもあるように、成長に合わせて友達関係が変わっていくこと、その時期を生かしてY子の母親との関係も変わっていくことを、どのようにK子の母親に伝えますか。

⑤ 園では見えない家庭や地域での出来事に対して、どのように理解を深めていけばよいでしょうか。

保育・教育相談　Q&A

Q1　子どもの「試し行動」をどう受け止めればいい？

A　子どもは、はじめて会う人や、はじめて出会う事柄に対して、「構え」の気持ちをもちます。試し行動は、子どもがはじめての人や事柄にどのように対応すればいいか、とまどっているわけです。１歳前後に出現する人見知りもその一環です。

実習生がクラスに入ってくると、はじめは遠巻きに観察していますが、だんだん近づき、蹴ったり、背中から乗りかかったりする行動を取る子どももいます。その行動に対して、やさしく「イタイからやめてね」と注意したり、「よーし、やるかー」とじゃれ合ったりしていると、子どもは徐々に心を許し、うちとけていきます。ルールだからといって、厳しくいさめたりすると、人間関係を成立させるのが難しくなることもあります。子どもが、その人との間合いを計ったり、目の前にある遊具を自分で使いこなせるのかどうかを見極めていると考えればいいと思います。臆病なように見えるかもしれませんが、いたって洞察力のある行動だと考えましょう。

Q2　トイレトレーニングの終了時期を気にする保護者（親）へのかかわりは？

A　近年、３年保育に入園する園児のなかで、おむつやおむつ型パンツを着けて登園してくる子どもが増えています。明らかに、過去に比べて、排泄の自立が遅くなっている傾向があるようです。ある意味、トイレトレーニングを完了する時期に頓着しない親が増えたことも事実ですが、反対に、神経質なかかわりを繰り返している親も目にします。排泄の習慣は、障がいのない子どもであれば、「いずれ自立する」ことは真実だと思います。しかし、３歳前になんらかの形で自立することには自我の目覚めとの関係で意味があるように思います。「自らの我」に気づく時期と自分で排泄をコントロールできたという喜びが、同じ時期に訪れることに意味があると思うのです。「自分でできる」は「自分はできる」という自信につながります。神経質なかかわりの必要性はありませんが、あまり無頓着なのも気になります。

Q3　子どものウソに対するとらえ方は？

A　人間はよくウソをつきます。大人も子どももです。ウソをつく原因はさまざまありますが、自分を守るためだったり、友達を守るためだったり、自分の失敗を隠すためだったり、他人を貶（おとし）めたりするのが目的だったりです。子どもは純粋だといわれますが、たくさんウソをつきます。

ウソをつくには、必ず原因があります。たとえば、弱虫な男の子なのに、「お母さんは弱虫が嫌いだ」という場合や、園で仲間はずれにされて泣かされてしまったのに、お母さんには、「〇〇君がぼくをたたく」「〇〇さんがあなたは幼稚園に来なければいいのにと言う」などと訴える場合です。もちろんウソをつくことはほめられたことではありませんが、お母さんの望んでいるように振る舞えない自分を感じて、ウソをつくこともあります。表面的なウソに一喜一憂しがちですが、なぜ子どもがウソをつかなければならなかったのかを推察し、保護者とともに考えあえることが、保育者の専門性の一つだと思われます。

Q4　「してはいけないこと」の伝え方は？

A　社会生活にはたくさんのルールがあります。人と人とが快適に生活するために欠くことのできないのがルールです。成長にともなって、だんだんそのことをわかってくれるようになりますが、子どもたちと生活していると、「早くルールをわかってほしい」と思いがちです。頭ごなしに正しいルールを教えるようなやり方では、子どもにはなかなか本当の意味で理解してもらえません。

したがって、「してはいけないこと」をしたときが、ルールを教える最大のチャンスです。してはいけないことをした後に、まわりの人にどのような迷惑がかかっているのか、どのような結末になったのかを信頼できる大人と共有し、検証することで、自分のやったことの本当の意味に迫ることができます。また、少し成長すると、してはいけないことをした子どもやしかられている子どもを見たときに、自分の経験に置き換えて考えることもできるようになっていきます。「してはいけないこと」を心おきなくできる環境が、「してはいけないこと」がわかることの近道だと思います。

Q 5 子どもをほめるときの配慮は？

A ほめられることは嬉しいことですね。子どもは、大人が何を望んでいるか、よく理解しています。反対に、何をしてはいけないかも薄々気づいています。だから、いけないことをするときは、こっそり隠れてします。

ほめることは、しかることと同じようにとらえる必要があります。子どもは、大人からほめられたいためにするということや、しかられないためにしないという判断基準が、大人側にあるのではなく、自分の行為がまわりの人や物にどのような影響を及ぼしているのかを考え、自分で判断できるようになりたいのです。この世界で「自分だけOK」ということはあり得ないことです。まわりの人もOKで、それで自分もOK、言い換えれば、お互いを尊重しあう、「共存する」ことです。大げさにほめちぎったりせず、「あなたの今の行動はまわりの人にこんなよい影響があったよ」「見てごらんなさい、あなたのしたことで、みんなが迷惑しているね」と子どもの行為自体を認めたり、注意したりすることが大切だと思います。

Q 6 子どもをしかるときの配慮は？

A ほめることと同じように、しかることも難しいと思います。同じことをしても、大人は、機嫌などそのときの状況によって強くしかったり、許してしまったりしがちです。子どもがしかられる行動にもいくつかパターンがあり、ついうっかりした行動をしてしかられたり、ほかのきょうだいばかりに向きがちな親の視線を自分に注意が向くようにするために、わざとしかられる行動をとったりすることもあり、複雑です。どちらにしても、子どもの行動の裏側に隠された心情を考えることが重要です。特に保護者は、子どものしてしまった現象に目を奪われがちですから、このようなアドバイスは有効に作用します。ほったらかしにしておくと、保護者は、自分が育てられる過程で自分の親からされたように自分の子どもにすることが多くあります。そのことに気づいてもらうことも、大きな課題ですね。

Q 7　保護者（親）と接するときに気をつけることは？

A　幼稚園や保育所、認定こども園の仕事のなかで、子どもに対して保育を行うことと同じくらい重要な役割が、保護者への対応です。保護者とのコミュニケーションがうまくいっているときは、子どもたちと織りなす保育にも信頼が寄せられ、少々のミスや事故、ケンカが起こっても、保護者に安心して見守られている実感がもてます。保護者との接し方にはさまざまなコツがあるように思いますので、いくつかあげます。

① 保護者とともにその子を育てようと思っている共感的態度がなによりも重要である。
② 保護者は自分の子どもをよく育てたい一心であることを理解する。
③ 周囲の子どもがわが子に比べてよく育っているように見えても、ほかの保護者も同じような悩みを抱えて苦闘していることをわかってもらうようにする。
④ 問題が起こってから親しくなろうと努力しても、なかなか難しい。日頃から積極的に接する機会をもつことが大切である。
⑤ 苦手な保護者を自覚し、よりいっそうていねいにかかわりを深めるようにする。

Q 8　保護者（親）の過保護への対応は？

A　50年以上前までの日本社会では、両親ともに商売で忙しかったり、家族全員が田畑で農業を営むなどして働いていたため、普段は子どもに注目が集まることはほとんどありませんでした。日本の国が豊かになり、生活も電化され、小さな子どもを育てる親に時間的余裕が生まれたことによって、親は常に自分の子どもを注視するようになりました。片づいた家のなかで子どもがとる行動は、親にとっては散らかされたり、汚されたりする行動と映り、ついつい気になりますし、しかりたくもなります。現代においての過保護は、一般的な事象であるともいえます。なぜ過保護がよくないのか考えてみると、子どもが試みようとする探索行動が阻害されたり、子ども同士がぶつかりあう自然な経験が失われたりするなど、乳幼児期に経験しておくべき発達の課題の経験を妨げることにあります。これらが理解されるような配慮を求めたいと思います。

Q 9 いじめを心配する保護者（親）への対応は？

※1 「いじめ」と「イジメ」
ここでは、人間が本能的にもっている異質性の排除など、乳幼児期に自然発生するいじめ行動を「いじめ」と記載し、思春期前後以降に発生する大人の目をかいくぐって起こる陰湿ないじめ行動を「イジメ」と区別して記載している。

A 近年、イジメ[※1]の問題は深刻で、難しさを増しているように思います。思春期以降に重大なイジメが起きた場合に、それを乗り越えていけるように育てるには、乳幼児期の経験が大切です。それは、「いじわるをする」「いじめる」「仲間はずれにする」など自然に発生する子どもの行動から、さまざまな学びを得られるためです。10歳くらいまでの子どもは、人間関係がとても柔軟だと感心させられます。ケンカがよく発生する子どもたちを観察していると、興味関心が似通っていることがあります。ケンカをしても、お互い納得するまで取っ組みあえば、５分もしない間に再び仲よく遊びだす光景もよくあることです。保護者には、いじわるをしたり仲間はずれにしたりする乳幼児期の経験が大切であることを伝え、大きな見守りの重要性を実感していただくことです。大人が、思春期以降のイジメと同じように子どもの行動に神経質になり、乳幼児期に経験してほしい学びの機会を失わせることは避けたいものです。

Q 10 自分の子どもと他の子どもとを比較してしまう保護者（親）へのことばかけは？

A 基本的に、親は自分の子どもが一番かわいいと思っています。ほかの子よりも、何においても秀でてほしいと願うことはごく自然なことでしょう。そのためか、ほかの子と比較して、自分の子どもが劣っていることを発見すると、「ハッパ」をかけます。それが親の本性です。自分の子どもとほかの子を比較し、一喜一憂する親はたくさんいます。けっして悪いことではありませんが、残念ながら、自ら劣っていることを自覚し、努力して克服できる子どもは少ししか存在しないことに気づいている人はほとんどいません。それを知ってか、子どもはほかの子と比較されることを極端に嫌います。

「風呂敷理論」というのがあります。風呂敷の１点をだんだんと持ち上げると、最後には全体の風呂敷が持ち上がってしまうというものです。へこんでいるところを持ち上げて四角を均等に持ち上げることは難しいけれど、優れているところをずっと上に伸ばすことによって、全体がよくなっていくという意味です。これが理解できれば、自分の子どもの優れているところに注目し、励まし伸ばすことができるようになるのではないかと思います。

Q 11　早期教育の考え方については？

A　早期教育を特徴にしている園は確かにあります。しかし、子どもの発達には順序があります。０歳のときは、「お腹が減った」「おむつがぬれた」と言って泣きます。それに応えるように、親や大人が「どうしたの」と言って抱き上げ、不快感を取り除きます。１歳ごろになると、子どもは、さまざまな探索行動を繰り返し、手や口、五感を使って外界を認知しはじめます。その後、信頼できる大人との関係を基盤にして、徐々に友達を求めるようになり、集団のなかで、なりたい自分のモデルを見つけ、まねをしたり、乱暴なことばを使ってみたり、仲間との遊びを楽しみます。

生活や遊びのなかで、身体中に話しことばや物語をいっぱい詰め込んで、小学校に入学し、系統的な文字教育を受けます。もちろん、それまでに文字を書けるようになる子もいますが、小学校では学習指導要領にしたがって、一から勉強するのです。あわてることはありません。早くできることが目的ではなく、しっかりと自分で操作できるようになることが大切なのです。

Q 12　保護者関係の悩みについては？

A　人間関係がもともと上手な人はいません。小さいときからいろんな経験やぶつかりあいを繰り返し、徐々に上手になっていきます。残念ながら、親のなかにも人間関係があまり上手ではない人がいて、園のなかで子どもを取り巻く大人の関係がこじれることも少なくありません。原因は、クラス運営のことや子ども同士のケンカなどさまざまですが、いったんこじれると解決が難しい場合があります。基本的には、保育者が両保護者の間に入って裁判官のようになることは避けたいものです。保育者という役割においては、どちらかの肩をもつわけにもいきません。保護者への対応は、ひたすら聴き取ることが大切です。自分たちで解決に至るように促すことで、少しのトラブルの経験によって、よりよい関係を結べることもあります。また、時間が解決することもあります。少し違った視点から考える意味では、父親の出番もいいかもしれません。

索　引

あ－お

か－こ

さ－そ

新時代の保育双書
子どもの理解と保育・教育相談［第２版］

2008年４月１日　初版第１刷発行
2020年３月１日　初版第15刷発行
2021年１月31日　第２版第１刷発行
2023年３月１日　第２版第３刷発行

編　者　小田　豊
　　　　秋田　喜代美
発行者　竹鼻　均之
発行所　株式会社みらい
〒500-8137　岐阜市東興町40　第５澤田ビル
TEL　058-247-1227(代)
https://www.mirai-inc.jp/

印刷・製本　サンメッセ株式会社

ISBN978-4-86015-546-9 C3337
Printed in Japan　乱丁本・落丁本はお取替え致します。